Sementes de Amor

O Caminho para o Autoconhecimento

Aura Gold

Sementes de Amor
O Caminho para o Autoconhecimento

*Inspirado Pelo
Espírito Sarah*

MADRAS

© 2001, Madras Editora Ltda.

Editor:
Wagner Veneziani Costa

Produção e Capa:
Equipe Técnica Madras

Ilustração da Capa:
Parvati

Revisão:
Sandra Garcia
Rita Sorrocha

ISBN 85-7374-371-9

Proibida a reprodução total ou parcial desta obra, de qualquer forma ou por qualquer meio eletrônico, mecânico, inclusive por meio de processos xerográficos, sem permissão expressa do editor (Lei nº. 9.610, de 19.2.98).

Todos os direitos desta edição reservados pela

MADRAS EDITORA LTDA.
Rua Paulo Gonçalves, 88 — Santana
02403-020 — São Paulo — SP
Caixa Postal 12299 — CEP 02098-970 — SP
Tel.: (0_ _11) 6959.1127 — Fax: (0_ _11) 6959.3090
www.madras.com.br

*Aos meus queridos pais (em memória), por
terem permitido a minha vinda a este Planeta
em cumprimento de mais uma etapa de aprendizagem
e que fazem parte atuante da obra, cujos momentos
emocionantes de relembranças a eles se devem.
Beijos na alma*

Agradecimentos

À minha filha Luciane (Luz de Deus), aquela que primeiro me incentivou a escrever e a quem amo com a alma.

Beijos da mamãe

Ao meu esposo com quem convivo há trinta e oito anos, filhos e netos.

Com amor da mamãe

Agradecimento especial a esse espírito de mulher, Sarah, a única que acreditou neste trabalho e que me incentivou e me acompanha passo a passo na realização do mesmo.

Beijos no coração amigo

Aos mestres, cujas mensagens de orientação deverão ilustrar este trabalho, com meu profundo respeito e amor.

Beijos nas mentes iluminadas

Índice

Prólogo 11
Introdução 13
PRIMEIRA PARTE — UMA HISTÓRIA DE AMOR 15
   A Infância 17
   A Mãe 23
   O Pai 29
   A Saga da Família 31
   A Adolescência 37
   O Encontro 41
   A Realidade 43
   As Amigas 47
      Água, Fluido de Vida 48
      Pequena Mensagem de Apoio a Todas as Amazonas ... 50
      O que É a Justiça? 50
   O Dia-a-Dia 53
      Um Pequeno Interregno 54
      Retrospectiva de um Jovem 55
   A Profissão 57
      Um Passeio Inesquecível 59
   O Afeto 61
      A Criança 61
SEGUNDA PARTE — INICIAÇÃO 63
   A Escalada 65
      Uma Declaração de Amor 69
   A Primeira Neta 71

Ao Mestre com Sucesso 73
O Começo 75
A Cigana 77
A Dívida do Passado 81
A Menina 87
De Volta ao Lar 89
A Princesinha 91
O Sacerdote 95
O Retorno 99
Os Devaneios 103
Alma Cigana 107
O Desencontro 109
Os Caminhos 111

Prólogo

    A decisão de começar sempre esteve presente, de alguma forma, em meu espírito, mas o momento não tinha ainda se manifestado. De repente, alta madrugada, senti entre os lençóis um objeto, e ao apalpá-lo, verifiquei tratar-se de uma caneta. Não me lembrei de ter ido dormir levando essa caneta. Levantei-me e a caneta pulou para minha mão direita como que indicando a necessidade de fazer algo com ela. "Coincidência" ou não, naquele instante resolvi: é agora ou nunca.

    Não pretendo me alongar nisto que serve meramente de referência à história aqui narrada. Não existirá, em nenhum momento da obra, a intenção de ensinar algo ou justificar-me por fazer aquilo que sempre tive o imenso desejo de concretizar, qual seja, mostrar ao leitor, de forma honesta e simples que toda a vida, todas as pequenas histórias que acontecem em torno de uma pessoa são fatos que devem ser contados, pois podem servir de apoio e incentivo aos que pretendem um dia fazer o mesmo que eu: escrever.

    As histórias são às vezes interessantes e poderiam ilustrar as mentes daqueles que se interessam por coisas da vida real, embora saibamos que freqüentemente o que vivemos materialmente se refere ao irreal (mundo da matéria), já que o real é insondável.

    Agradeço profundamente a Deus pela vida e aos que me rodeiam e fazem parte da minha alma, família e amigos, pela companhia e pelo amor que é a tônica da obra.

A Autora

"Aquele que habita onde se esconde o Altíssimo e passa a noite à sombra do Deus Soberano — do Senhor eu digo: Ele é meu refúgio, minha fortaleza, meu Deus: n' Ele confio!" (Sal 91)

Introdução

Alguns esclarecimentos se fazem necessários para que o amigo leitor, além do entretenimento, possa transferir para sua própria vivência os aspectos espiritualistas que indubitavelmente regem a obra, principalmente na segunda parte da mesma.

No início a autora torna bastante claro o seu envolvimento pessoal com as personagens, que no decorrer da narrativa vão pouco a pouco sendo mostradas em suas características de personalidade. Fica evidente que existe uma primeira preocupação em ressaltar os fatos que tornam o enredo da história uma prévia das posteriores narrativas. A personagem Maria é o estereótipo de tantas Marias brasileiras, cuja infância modesta junto à família é o primeiro momento da longa caminhada que tem a percorrer para encontrar o conhecimento. Conhecimento esse que se renova dia a dia por meio das múltiplas experiências de prazer e dor, amor e desamor, com algumas pitadas de bom humor.

As personagens vão passando pela vida de Maria como uma extensa fila de pessoas, familiares ou não, e deixando sempre a impressão da inutilidade do sofrimento.

No capítulo quarto da primeira parte foram transcritos textos singelos da criança Maria para caracterizar desde cedo o seu caráter mítico. Nos capítulos oitavo e nono foram também transcritos textos de antigas mensagens canalizadas por Maria, do Mundo Cósmico, ali colocadas por terem sido recebidas em momentos decisivos da vida da personagem, quando ela necessitava mais do que nunca de um forte apoio para prosseguir em sua jornada espiritual, já que a vida vinha cobrando dela um pesado ônus, fazendo-a entrar em contato com pessoas de outras vidas, que necessitavam ressarcir seus erros passados. Em alguns momentos poéticos junto aos filhos, Maria escreve em homenagem a essa suave intimidade tão repleta de amor.

Na segunda parte da obra, intitulada "A Iniciação", a autora procura ressaltar em curtos capítulos, mais precisamente do terceiro ao oitavo, as anteriores vidas (encarnações) da personagem Maria e das demais que compõem a história. Cada vida explica o porquê, o efeito dos atos praticados pelas personagens, dos erros e das subseqüentes voltas em outras roupagens para o ressarcimento da dívida contraída. Um olhar mais acurado do leitor inevitavelmente o levará à descoberta da personagem principal a quem seguirá em sua caminhada.

Finalizando, a autora, ancorada nas experiências da personagem e seus percalços, oferece algumas assertivas do que vale ou não fazer para que as coisas aconteçam sem tantos obstáculos a transpor.

Aura Gold

PRIMEIRA PARTE
UMA HISTÓRIA DE AMOR

A Infância

O tempo da infância é o que de melhor temos em nossos corações, como lembranças que nos fortalecem os sentimentos.

Numa padaria, sentados num extenso banco, estavam: a mãe, o padeiro e a amiga. A pequena, de aproximadamente onze meses, se movimentava em passos ainda trôpegos pelo enorme salão que era a cozinha. Grandes fornos a lenha, o padeiro com um gorro branco e um avental salpicado de massa de pão. Ali era, no momento, o local em que o pai provia a sobrevivência econômica da família. A mãe, senhora bondosa, de um olhar doce e terno, conversava animada com a amiga e apontava para a menina com amor no gesto e no falar. Esse magnetismo amoroso atraiu a menina que balbuciava palavras pedindo o seio materno. A lembrança do jato de leite espirrando em seu rosto ficou gravada na mente para sempre.

A mãe havia sofrido muito na vida, mas sem dúvida era uma vencedora. Humilde, relevava sempre as imperfeições alheias, perdoando a todos, principalmente às cunhadas, cuja falta de compreensão muito havia contribuído para o sofrimento dela. Gostava muito de rir e fazia disso uma tônica em sua vida. Ingenuamente sorria de tudo que fosse para ela divertido, desde um tropeção sem grandes conseqüências, até as brincadeiras sem graça dos filhos mais velhos que, por isso, se sentiam amados e admirados. Ela, sem ter passado pela cultura letrada, usava de uma didática toda especial com a família, dando incentivo a todos com sua aprovação, seu carinho, sua bondade inata. A mãe... Representação da Mãe Divina...

Idas e vindas, altos e baixos eram uma constante na vida familiar, cujo pai tinha um espírito aventureiro, até certo ponto irresponsável, sem a preocupação de medir as conseqüências dos próprios atos. Mudaram-se para Nova Era, cidadezinha interiorana, cujo nome, hoje em dia, lembra algo bem significativo.

O hotel, assim denominada a casa de vários quartos e uma imensa cozinha com fogão a lenha, tornou-se o novo meio de sobrevivência.

A mãe, a filha mais velha, Laura, e mais uma ajudante trabalhavam juntas, preparando as refeições para os hóspedes, geralmente caminhoneiros e ferroviários. Laura ainda fazia uns pudins de leite e queijo para levar à estação de trem, onde vendia para um pequeno bar que servia aos passageiros... Azáfama cansativa para ambas que nunca reclamavam do trabalho duro. O irmão mais velho — podia ser pai da menina — trabalhava na ferrovia. Estava sempre viajando.

A menina, filha temporã, aos quatro anos, sem ter companhia da sua idade e com os adultos tão ocupados, dava livre expansão aos seus pensamentos e atos. Ela descobriu que podia descer as escadas da grande cozinha e correr até a cerca que separava o quintal da casa e o rio. As primeiras investidas foram tímidas. Ela ia e voltava correndo com medo das mães (mãe e irmã). Um dia resolveu romper a barreira: abriu o pequeno portão de madeira e saiu até alcançar a areia da praia do rio. Que maravilha! Que sensação única de liberdade! Começava uma nova etapa em sua vida. Ela ficava um tempo sem fim catando pedras na beira do rio, molhando os pés na água, batendo as mãos, lavando as pedras... As cores eram belíssimas: verdes, amarelas, azuis, rosa, vermelhas. Tinha uma especial, bem grande, completamente azul cobalto. Hoje sabe que era uma turmalina. Bem mais tarde ela descobriu que aquelas pedras eram semipreciosas, algumas até mesmo preciosas, como topázio, água-marinha, ametista e esmeralda. Afinal, o rio Piracicaba (mineiro), já fora um antigo manancial de riquezas para os bandeirantes que aqui aportaram em outras épocas... Rio Piracicaba, rio mineiro, onde a mineração era constante em alguns pontos ainda.

A alegria, a felicidade da menina eram incomparáveis. Ela brincava com as pedras, manuseando-as suavemente, mantendo contato com o mineral bruto e com o elemento água que instintivamente sabia ser de muita força e energia.

Um dia foi descoberta. A mãe e a irmã Laura gritaram muito, fizeram o maior escarcéu. A menina até levou umas palmadas pela ousadia e o rio ficou terminantemente proibido.

A Infância

A melancolia durou algum tempo. Não entendia o porquê dessa atitude dos adultos que insistiam em subtrair-lhe, cercear-lhe a liberdade, tirando-lhe o prazer da brincadeira saudável, o contato com a natureza. Mas sobraram-lhe as pedras que continuava apreciando, manuseando com carinho.

Um dia, sentada na escada que dava acesso à cozinha, ouviu um leve rumor que, ao redobrar a atenção, descobriu a origem. Havia uma minúscula abertura num dos degraus e a menina ficou aguardando em silêncio, durante algum tempo, para ver o que acontecia. Uma carinha branca, sapeca, uns pequeninos olhos negros, boquinha rosada, devagar saindo do buraquinho, apareceu um ratinho branco. Tão lindo e tão frágil! Olhou para a menina assustado e ela, bem suavemente, estendeu a palma da mão onde o bichinho imediatamente se alojou. Ela se encheu de amores pelo ratinho, mas dessa vez resolveu que não contaria a ninguém.

Depois desse dia, ela ficara novamente alegre. Conseguira substituir seu foco de interesse. Levava sempre um biscoito, um pedacinho de pão para dar a "Petito", nome que escolhera para o ratinho. Agora não tinha só as pedras mas também uma companhia viva. Petito era encantador, corria para dentro do buraco assim que ouvia qualquer barulho. Sentia-se ameaçado e só confiava na sua amiguinha...

Um rato! Mate logo, antes que infeste toda a casa. Que horror! Chorava a menina a morte de Petito. Tão inofensivo! Tão frágil, como os próprios sentimentos da menina!

O tempo ameniza qualquer sofrimento. Chegou a avó. Cabelos longos, negros. Cheinha de corpo, voz sonora, dava até um pouco de medo. Fazia bruxas, bonecas de pano para a menina. Uma noite, aquela mulher, que ainda tinha muita sede de viver, muita alegria, quis sair para dançar com uns amigos. Era viúva. O pai gritou com a avó, humilhou-a chamando-a de velha assanhada e ela chorou... Chorou... Não foi ao baile. A menina, embora sem entender, ficou triste com a atitude do pai e se uniu à avó. Partira sem despedidas. A menina ficou só novamente. Algum tempo depois viu o pai e todos da casa chorando. "Vovó foi para o céu", disseram. A menina ficou feliz, pois imaginou o céu como um lugar lindo para onde todo mundo vai um dia...

O irmão mais velho gostava de levá-la, quando tinha tempo e o trabalho permitia, ao campo de futebol e ao cinema. No campo, ela gostava mesmo era de algodão doce, das pipocas quentinhas e de correr na grama quando o jogo terminava. No cinema, ela, de tão pequenina, não enxergava à frente e ficava de pé na cadeira para assistir ao filme, geralmente de amor.

Hoje não existe nada mais entre nós,
Somos duas almas que devemos separar,
O meu coração vive chorando em sua voz,
Já sofremos tanto que é melhor renunciar,
La, la, ra, la, ra, la, ra, la, ra, ra, ra, ra...

Essa música nunca esqueceu pois assistira a um filme nacional em preto-e-branco cujo tema musical era esse... Lembrava-se também de "Sangue e Areia", em que o valente toureiro, após sua luta com o animal na arena, jogava uma flor para a sua amada, uma linda cigana (torcia pelo touro). Desde muito nova gostava de cantar e dançar e a sua platéia fiel eram a mãe e os irmãos, que sempre a elogiavam pelas qualidades, incentivando-a com um certo exagero. O que não faz o amor!

As mudanças de casa, de bairro, continuavam, pareciam mesmo ciganos. Agora tinham um comércio de secos e molhados, um armazém, e a menina ficava brincando enquanto a mãe e a irmã trabalhavam, trabalhavam... O pai viajava, era caixeiro viajante.

Certo dia, convidaram a família para guardar a coroa de ouro de Nossa Senhora e pediram para vestir a menina de Santa Terezinha do menino Jesus em dia e hora combinados, quando então ela teria a grande honra de poder coroar a Nossa Senhora. Foi um alvoroço. Fizeram a roupa, guardaram a coroa valiosa a sete chaves e no dia determinado foram para a igreja. Antes tiraram o retrato da menina para guardar de lembrança. A mãe foi cedo e ficou sentada num banco da igreja para ver a filhinha querida coroar Nossa Senhora. Laura ficou encarregada de levar a coroa, sempre acompanhada pela menina... Foram até a sacristia para esperar o momento da coroação, após a missa. Várias outras crianças vestidas de Santa Terezinha andavam pelos corredores que ficavam ao lado da sacristia. Laura conversava animadamente com uma amiga enquanto a menina olhava tudo e todos, sem entender muito bem o significado daquilo. Uma escada bem alta, encostada na parede da sacristia que ficava defronte à porta que dava para o corredor, chamou a atenção da menina porque ao lado dela havia uma mulher magra, cabelos negros e curtos, olhos grandes, trajando uma blusa branca e uma saia preta. O rosto afilado era bastante expressivo pela palidez da tez. A mulher olhava fixamente para a menina e, de repente, colocou a mão na escada. A menina sentiu um arrepio, misto de medo e apreensão como que esperando a atitude seguinte, que logo aconteceu. A mulher jogou com força a escada em direção à porta. Só deu tempo de a menina dar um salto arrastando consigo uma outra que estava ao seu lado naquele momento. Foi uma fração de segundos que valeu por duas vidas, pois a escada era pesada. Olhando novamente para a sacristia, a menina viu a mulher suspensa no ar, subindo em direção ao teto. Aí gritou: "Olha, ela está indo embora. Voou". Laura achou que era uma espécie de delírio causado pelo nervosismo do momento. Carregou a irmãzinha no colo, chorou e não permitiu a coroação, pois a menina teria que subir naquela escada carregando o peso da coroa.

Teria sido um aviso? Insondáveis são os desígnios divinos. Nunca mais houve a mesma oportunidade para a menina de coroar Nossa Senhora. Ficou de lembrança a foto de uma menina, vestida de santa, com lágrimas paradas nos olhos.

Depois disso, um tempo que, relembrado, deixava marcas profundas... Tinha apenas cinco anos e a pureza de um anjo... E aquele homem velho, um estranho a quem fora entregue para ser cuidada por algumas horas enquanto a mãe e a irmã trabalhavam arduamente no armazém... Quanta falta de perspicácia das duas, pois não o conheciam bem. Como confiar? Mas alguém a protegeu, provavelmente o seu anjo.

O irmão casou-se e foi morar com a esposa na casa da família. Éramos seis... A menina gostava da cunhada, achava a moça bonita, sempre com aquelas roupas coloridas, os tamanquinhos saltitantes que faziam um delicioso barulho quando Didi andava. A menina aproveitava inocentemente todas as estampas da roupa para dizer: "Didi, olha, um ciuminho aqui, mais um aqui". Ia apontando para a cunhada...

Era a "outra" que chegara para ocupar o tempo e o espaço que antes era todo dela com o irmão.

Vida nova; precisavam economizar.

Um dia, o irmão chegou completamente embriagado e o pai começou a brigar com ele, chamando-o de irresponsável e outras coisas mais. Ele ficou irado, vermelho de tanta raiva, pegou um tijolo e, atingida a própria cabeça, saiu correndo para atirar-se ao rio.

Uma verdadeira cena trágica. A mãe chorava, Laura gritava, chamando o vizinho e o pai; a cunhada Didi o agarrava pelas pernas, puxando-o barranco acima até que ele, extenuado, desmaiou. Foi muito sangue derramado com a batida na cabeça. A menina olhava tudo sem entender o porquê de tanta confusão, tanta violência inútil. Ela não tinha vivido os momentos difíceis dos primeiros tempos da família.

A Mãe

Mariquita era a filha mais velha do casal de fazendeiros, descendentes de antigos portugueses que aqui chegaram nos primeiros tempos da colonização. Para completar a mistura étnica havia os índios e os espanhóis. Era a responsável pelos serviços domésticos mais pesados para ajudar a mãe, Mila, mulher frágil na aparência, mas de um caráter vigoroso.

Mila era magra, estatura baixa e longos cabelos castanhos presos atrás da nuca num coque enrolado como era o costume das senhoras portuguesas. Seus olhos castanhos eram ligeiramente oblíquos indicando sua ascendência indígena. Sua mãe era uma índia pegada a laço no chiqueiro da casa de fazenda do seu avô onde entrara para pegar bananas, que eram diariamente colocadas para os porcos. A tribo à qual pertencia a indiazinha era nômade; ficavam numa aldeia até que os recursos naturais que lhes serviam de manutenção à sobrevivência se esgotassem. Foi amorosamente recolhida por aquela família de portugueses que a criaram como sua própria filha. Mais tarde, o filho mais velho do casal de portugueses se apaixonou pela moça indígena e, como era comum na época, casaram-se. Dessa união vieram alguns filhos, sendo Mila a primeira.

Essa raiz fez de Mila uma herdeira dos poderes mágicos de um Xamã. Ela preparava poções medicinais com as ervas que recolhia no quintal da casa e assim ia curando muita gente de doenças e males cujos médicos de então nem conheciam. Era muito amada por todos. Soubera, por intermédio de sua mãe, que o avô era um pajé da tribo e assim usava poções de ervas para curar o povo. A avó era

Xamã, uma espécie de adivinha da tribo. Orientava e conduzia todas as mulheres indígenas dentro de seus costumes e religião.

Garcez, o senhor, era elegante, estatura mediana, cabelos louros e um bigode bem tratado por cima de uns lábios bem delineados. Era um homem muito bonito. Vestia-se com apuro; longas botas pretas por cima de calças de montaria, um colete do mesmo tecido da calça e camisa branca de longas mangas. Não usava chapéu, só raramente, mas o portava para compor o visual. Fazendeiro respeitável e respeitado por todos, íntegro nas atitudes, disciplinado e de caráter irrepreensível. Por essas características, era, naturalmente, considerado um homem rígido. Não enganava e não admitia ser enganado por ninguém. Tratava os filhos com justiça, pelo menos era isso que constava na sua opinião pessoal. Bércimo, Boanerges e Geracina eram os irmãos de Mariquita.

Ela, uma moçoila graciosa, poderia ser considerada bonita, não fosse a simplicidade no vestir e nos gestos tímidos e desajeitados. Cabelos longos e ruivos, face cheia de sardas, pequenina e magra, rosto anguloso, nariz pequeno e arrebitado. Sua principal função era a lavagem de roupas da casa. Lavava no rio as roupas da família, areava as panelas, manuseando suavemente aquele elemento da natureza que tanto a alegrava — a água...

Mariquita adorava dançar. Ia sempre com a família a todos os bailes da região. No interior eram comuns essas festas que nem sempre comemoravam alguma data especial. Reuniam-se para conversar, brincar, estar juntos. Havia um rapaz que ela conhecia desde criança e ambos estavam apaixonados um pelo outro. Carlos era alto, forte, olhos verdes, bondoso, trabalhador. Só tinha um defeito, na opinião de Garcez, pai de Mariquita: era mulato. A mãe era uma negra casada com um português. Isso acabou sendo um empecilho para a união do casal, mas eles continuavam namorando e chegaram a ficar noivos, mesmo a contragosto do senhor.

Garcez tinha lá os seus planos, mas não falava disso com ninguém. Num dos saraus, aconteceu o que ele previra com antecedência. Mariquita estava sentada num canto do salão, quando um belo rapaz, cheio de prosa, bem vestido e falante, dela se aproximou convidando-a para dançar. Ela aceitou, pois nada de mais havia naquela atitude, já que o local era para isso mesmo. Naquela época as pessoas agiam mais espontaneamente, sem a malícia que caracteriza os dias atuais. Engano... Francisco, assim era o nome do elegante rapaz, já estava de olho na filha do rico fazendeiro. Bastaria jogar todo o seu encanto infalível, para conquistar aquela ingênua mocinha da roça. Ela aceitou os galanteios, a corte. Na verdade estava meio desiludida do noivado forçado, pois não contava com o apoio do pai. Daí para o novo romance e para o subseqüente casamento fora um passo.

Garcez não impôs obstáculos, pois viu nesse evento a melhor forma de afastar Mariquita daquele que era verdadeiramente o amor de sua vida.

Mariquita e Francisco casaram-se e foram viver na cidade junto da família dele; dez irmãos e os pais. Mariquita não conhecia ninguém e foi aí que começou uma vida de sacrifícios para ela e os filhos. Maria, a primeira filha, nasceu e morreu algumas horas após, pois Mariquita tinha caído de uma escada quando correra para atender ao sogro que passava mal. Imediatamente começara a sentir as dores do parto que se processou prematuro. A criança nascera com vida, muito pequenina, uma menina a quem Mariquita deu o nome de Maria. Não sobreviveu, pois os recursos não existiam para preservar aquela pequena vida. Depois veio Alcy. Um parto muito difícil. Ela quase morreu. A criança estava virada no útero. Alcy era belo e forte. Mais um ano e veio Alceste. Quando aos seis meses uma vizinha dera caldo de mocotó a ele sem avisar nada à mãe, aconteceu o inevitável: "Deus levou". Mariquita possuía o dom da confiança como todas as pessoas do interior e por esse motivo deixara o filhinho aos cuidados da vizinha por um dia, enquanto ia levar Alcy ao único médico da cidade grande. Mais um ano e nasce Laura, loura, feliz e pequenina. Aos dois anos pediu água à menina que ajudava Mariquita e quando ela se virou para pegar o copo, Laura puxou uma panela de água fervente sobre si... Não fora culpa de ninguém. Destino... Morreu...

Finalmente veio Laura, a outra, que recebera o nome em homenagem à irmã, que morrera tão tragicamente. Esta era franzina, frágil. Mila, a avó, vivia cuidando da saúde da neta com suas poções mágicas.

A vida dura, de desconforto, de pobreza, atingia em cheio Mariquita e as duas crianças, mas reclamação não havia. Garcez às vezes se arrependia de ter permitido o casamento da filha. Só depois ele ficou sabendo que Francisco se interessara mesmo pelos seus bens. Não que ele fosse mau, maltratasse Mariquita, não. O seu mal era a falta de estrutura familiar, muitos irmãos, todos mais novos, com uma forte dose de irreverência diante da vida, e uma irresponsabilidade e uma sensualidade que o levavam a seguir mulheres pelos lugares onde passava. Era caixeiro viajante.

Mariquita sofria e calava. Um dia, Francisco ficou com raiva porque ela descobrira um dos seus muitos casos e reclamou, pois faltava o essencial em casa. Mandou-a embora com os dois filhos, Alcy e Laura, que já eram crescidinhos. Ela foi para a fazenda do pai. As crianças adoraram, pois lá era só fartura; muita comida, muitos doces e biscoitos, pão caseiro e o amor dos avós.

Foi difícil conseguir falar com Garcez; ele não admitia essa falta de caráter, mas observou: três meses se passaram e Mariquita olhava sempre para a estação do trem que passava à margem da fazenda. Um dia, viu um lenço branco acenando de uma das janelas do trem. Expectativa, esperança no olhar e eis que ele surge. Todo fagueiro, almofadinha, de terno e tudo... e com um sorriso nos lábios sensuais e irresistíveis. Ilusão... Afinal, o que ela, Mariquita, conhecia do amor de um homem!

Garcez observara logo que Mariquita se animara. Ela andava tão quieta e triste! Aceitou a volta. Não podia fazer nada mesmo. Antigamente era incomum ter uma filha separada na família. Desquite, nem pensar!

Voltou de novo com os filhos para a cidade, para a vida sacrificada de sempre. Numa noite brumosa de inverno, quando o vento lá fora na mata soprava sibilante mostrando o mau humor da natureza, Mila se foi. Tupã a esperava e uma legião de anjos veio buscá-la cantando hinos de louvor pelo caminho. Choraram muito. Deixou muitos órfãos de sua bondade e sabedoria. O espírito do pajé, seu avô, dera por finalizada uma etapa de sua tarefa junto à neta. Até a amiga, a quem pedira um favor especial, tinha muitas lágrimas nos olhos.

Garcez ficou só, mas Lucinda, cumprindo o que havia prometido à Mila, não lhe deixara faltar nada. Um dia, ele resolveu casar-se com ela e os filhos de Mila logo concordaram. Afinal, Lucinda há muito já fazia parte da família, e assim viu-se realizado na íntegra o último desejo de Mila. O senhor continuou realizando as reuniões espíritas numa das salas da casa, agora sem a presença física e a cooperação de Mila. O evangelho sempre fez parte de suas vidas.

Lucinda era uma moça bondosa e dedicada e todos gostavam e respeitavam-na muito. Um dia, na hora do jantar, Garcez fez as preces de agradecimento e em seguida pediu à Lucinda que trouxesse à mesa uma frigideira de taioba, verdura muito apreciada por ele. Quando ela se levantou para atendê-lo, notou algo errado no olhar parado de Garcez. Foi só o tempo de perceber a cabeça caída em cima do prato. Foi uma correria inútil, pois Garcez também se fora. Homem íntegro e cumpridor dos deveres, seguramente teve um acompanhamento dos anjos... E de Mila...

Deixara herança, mas Lucinda abriu mão de sua parte e não quis ficar com nada. Fez uma declaração abdicando legalmente de qualquer direito à mesma. Mais tarde, moça nova que era, arranjou um outro marido, tão bom quanto ela.

Mariquita agora tinha uma herança. Terras e dinheiro. Mas de que adiantava tudo isso se ela não sabia administrar! Quem ficou encarregado foi Francisco que não perdeu tempo. Gastou, e mal, o dinheiro. Comprou um casarão que a família, irmãs e irmãos dele transformaram em hotel. Viviam todos na casa. Os hóspedes, poucos, não eram constantes e o dinheiro foi escasseando até acabar. Mariquita vivia num quarto com os filhos e continuava sentindo-se humilhada junto à família do marido.

As irmãs de Francisco, seis ao todo, eram muito expansivas, cheias de energia, embora não soubessem muito bem canalizar esse dom. O orgulho fazia naturalmente parte de suas personalidades. Teriam nascido para o sucesso, se não faltasse o principal: dinheiro. Gostavam de Mariquita, mas achavam-na muito ingênua, meio caipira e provavelmente tinham vergonha dessa característica da cunhada, tanto assim que sempre arranjavam uma desculpa para que Mariquita não atendesse a nenhum hóspede.

Um dia, resolveram vender tudo e mudar de cidade. Foram para uma cidade maior, a capital. Dispersou-se um pouco a família, cada qual procurando o seu rumo... alguns se casaram, outros arranjaram serviço e finalmente a vida de Mariquita teve uma breve trégua. Ela morava numa pequena casa com Alcy, Laura e o marido, Francisco.

Interessante era o fato de Mariquita aceitar com alegria todas as pequeninas coisas que conseguia angariar em sua vida como: um vestido novo, uma amiga recém-descoberta, uma piada do filho Alcy, que vivia fazendo-a rir, uma história mirabolante contada por Francisco e até mesmo as sugestões das cunhadas que de uma certa forma não a respeitavam como merecia, por considerarem-na um tanto ingênua. Sem suspeitar, esse era o seu ponto forte, o que a tornava superior às demais pessoas, pois ela era a imagem da mãe: boa, sem preconceitos, conciliadora e prestimosa (mãe querida, como a amei e ainda amo apesar da distância!).

Algum tempo depois, os filhos já adultos, Alcy com vinte e três anos e Laura com quinze, Mariquita foi surpreendida por uma nova e inesperada gravidez. Contava nessa ocasião com quarenta anos e não imaginava que pudesse ter mais filhos. No entanto, apesar dos momentos difíceis que havia vivido, ficou muito feliz por ser mãe novamente e agradeceu a Deus.

"Chamem depressa dona Dinorah, o bebê está chegando..."

Lençóis brancos estendidos por cima de uma esteira no chão do quarto. Francisco sentado num banco apoiando os braços de Mariquita que fazia força de cócoras, como as suas ancestrais, as índias.

Nasceu Maria... A outra, que recebeu o nome em homenagem à primeira filha de Mariquita.

O Pai

Francisco sempre fora uma pessoa sedutora. Dotado de forte personalidade, sem ser exatamente bonito, apresentava em sua aparência um carisma irradiante. Não havia quem dele se aproximasse que logo não se encantasse pela sua conversa, seus gestos e seu modo meio agressivos de expressar-se. Porte mediano, tez amorenada, olhos de um castanho brilhante e um sorriso aberto faziam dele um homem misterioso. Logicamente seu sucesso com as mulheres era de se esperar e ele aproveitava-se disso para "viver a vida", como sempre dizia a respeito de seus inúmeros casos.

Tudo isso prejudicava muito o seu relacionamento em família. Alcy era uma espécie de escravo do pai, e o curioso era que o rapaz não reclamava, como se devesse a ele esse "respeito". Nesse momento acredita-se mesmo que tivessem um carma de outras vidas, e que Alcy se via diante daquele a quem devia alguma coisa e estava disposto a pagar. A vida deles sempre fora assim até a morte de Francisco nos braços do filho. Com Laura acontecia de uma forma engraçada. Os dois tinham o mesmo gênio, bravos, nervosos e acabavam sem se dar conta disso, respeitando-se talvez por medo do pior. Com Mariquita ele exagerava. Ela era muito dócil e ele sabia disso, tanto assim que não media as palavras quando se dirigia a ela para dar uma ordem, falar alguma coisa referente aos filhos. Só mais tarde, quando Mariquita partira para o seu verdadeiro "lar", é que Francisco se deu conta do que perdera. Ele não conseguiu sobreviver. Faleceu três meses depois.

"Tutuca", "Tentinha", "Loroca" do papai. Esses eram os apelidos carinhosos dispensados tão-somente à filha temporã, toda vez que Francisco voltava de viagem. Maria adorava brincar com o pai, mas percebia que essa atenção era ainda tão pouca. Ela precisava de mais tempo e ele, sempre falante, não percebia essa necessidade. Mesmo assim a menina se sentia feliz e esperava que um dia ele a ouvisse contar tudo o que acontecera durante sua prolongada ausência de casa. Isso nunca aconteceu. Bem mais tarde, Maria o perdoaria e até perceberia em si mesma algo semelhante com relação aos seus próprios filhos.

    Esse era o pai da menina, a quem amou mais do que tudo na vida...

A Saga da Família

A família havia se mudado mais uma vez. Em Belo Horizonte sua nova casa era bem espaçosa com dois pavimentos, vários quartos; casa alugada. Voltou a funcionar o hotel. Mais hóspedes, mais trabalho para a mãe e a irmã. Ela era sempre poupada, por ser pequenina.

Um dia chegou na casa uma pessoa bem diferente. Maria logo imaginou uma companhia para brincar, embora achasse estranho uma menina vestir-se daquela forma, como mulher, pintar os lábios, as unhas bem compridas e esmaltadas, sapatos com imensos saltos. Rapidamente descobriu que Milita era uma anã. Muito falante, emanava uma forte energia e, imaginem só, era professora primária. Veio indicada pelos parentes para dar aulas particulares à Maria. Outras crianças foram chegando e formou-se uma pequena escola na casa. Maria ficou sabendo que a professora era exigente e mandona, embora uma boa pessoa. Suportava tudo docilmente, mas não gostava do jeito de Milita dando aulas, principalmente de matemática. Mais tarde, ficou sabendo que adquirira, nesta época, uma tremenda aversão pela disciplina, que considerava difícil, quase impossível de aprender. Também pudera, era só "você é burra, não raciocina". "Veja se aprende matemática como os outros, menina aérea". Na verdade, Milita só acertara na sua caracterização da personalidade de Maria no que se referia ao signo — aérea — do ar. De resto, foi uma longa jornada cujo aprendizado desta área ficou bastante prejudicado, devido ao estigma deixado pela professora.

No entanto, havia o lado bom da vida. Conhecera outras crianças, brincara e todo ano festejavam o aniversário de Milita, em que se prodigalizava a fartura de doces caseiros: doce de leite, de abóbora, bananada e goiabada com queijo, bolos saborosos e muito mais. Doces mineiros... E o ruim, a vacina. Um verdadeiro martírio, só em pensar que teria o braço alfinetado pela agulha. Mas não tinha mesmo jeito. Nesse dia, Milita virava um verdadeiro sargentão, dando ordens adoidada e ai de quem tentasse desobedecer; a régua corria solta.

Havia sempre um elogio quando se tratava de Língua Portuguesa. Era para compensar a falha na outra área. Na escola, a menina era sempre a primeira da classe, ganhava pequenos prêmios e era constantemente chamada para ler textos. Duas referências a fatos marcantes em sua vida valem ser relatadas: 1ª — ganhou um santinho da sua professora de primeira série, como prêmio por um concurso de palavrinhas e até hoje o guarda como um importante troféu. A linda professora era loura, de olhos azuis, dava-lhe uma atenção especial e se chamava Hortênsia Gatti. 2ª — foi escolhida, entre centenas de alunos da escola, quando cursava a 4ª. Série, para ler um texto dando boas-vindas ao então governador do estado — Juscelino Kubitschek de Oliveira. Fora uma grande honra. Houve também a formatura em que lhe arranjaram um lindo vestido branco de lese com rendas, sapatos brancos de pontas quadradas, meia soquete e fita branca em laço nas tranças do longo cabelo. Ficou tudo registrado em fotografia. E como não podia deixar de ser, lá estava ela, nos seus imensos saltos, com a face vermelha de rouge e os lábios fartamente pintados. Milita...

Mudaram-se de casa. O bairro era mais modesto, mas todos gostaram muito. Ficaram mais próximos dos parentes, tios e primos. Era uma jornada árdua para a menina que diariamente tomava o bonde para ir à escola que agora ficava distante. A mãe não quis mudá-la de escola, pois o ensino era muito bom, valia o sacrifício. Nesta época, a maioria das pessoas era católica praticante e ir à igreja tornara-se um hábito gratificante para a menina. Ela se orgulhava de saber tudo e participar do catecismo, da cruzada eucarística, das procissões e das coroações. Era uma festa, todo dia uma menina coroava Nossa Senhora e havia distribuição, após o ritual, de canudos de papelão decorados e cheios de doces e balas. Todas iam vestidas de anjo, com asas brancas e tiravam fotos. Numa ocasião, houve um grave problema na família. Francisco, que era viajante, sofreu um acidente. O trem no qual viajava descarrilou e ele ficou muito ferido. Depois disso, passou bastante tempo em casa se tratando, pois estava urinando sangue. A mãe e o tio procuravam todos os recursos para ajudá-lo. Foram até num terreiro de Umbanda e lá pediram que levassem Maria. A menina sentia-se um tanto desconfortável naquele ambiente escuro. Fizeram-na sentar-se num banco ao lado da mãe. Ela olhou para seu lado esquerdo e viu um homem negro bem forte que lhe sorria e perguntava se ela estava com medo, ao que respondera afirmativamente. O homem apaziguou-a dizendo que tudo ia dar certo. Falou também que ela, a menina, seria o instrumento de cura do seu pai. Mariquita ficou curiosa de ver Maria conversando e perguntou-lhe com quem estava falando. A menina disse — com esse homem aqui, mamãe, apontando para o seu lado, no banco. A mãe olhou, não viu ninguém, mas calou-se. Só mais tarde é que Maria soube que o homem era um espírito e somente ela o via e falava com ele.

Maria ia fazer a primeira comunhão e estava triste porque o pai doente, de cama, não poderia comparecer. Um dia, saiu furtivamente e foi até a igreja, cujo padroeiro era um padre já falecido (Padre Eustáquio), que tinha seu corpo representado por um caixão que ficava num canto da igreja.

Maria pulou a grade que separava o caixão do resto do espaço e falou com o padre — ajuda meu pai a curar-se para ele assistir à minha primeira comunhão, que eu falo pra ele que foi você que o curou. Foi para casa confiante. Uma semana depois, Francisco, já restabelecido em sua saúde, ia de mãos dadas com Maria à igreja para assistir à primeira comunhão da filha e agradecer a Deus e ao padre. Curado estava.

Mais uma vez mudaram-se de casa. Laura arranjou um namorado e vivia sempre sorridente. Maria tinha, aproximadamente, dez anos de idade quando conheceu Inês, irmã do namorado de Laura. A primeira vez que se viram, a situação se apresentava um tanto incômoda. Inês estava deitada em seu leito, doente há quase um ano. Não andava e os médicos não conseguiam descobrir a doença. Tinham a mesma idade. Maria passou a visitá-la sempre, moravam perto. Brincavam muito de jogos e até começaram juntas a escrever poesias sacras (coisas ingênuas):

> *Imaculada Conceição, rainha do coração*
> *És alvorada plena de luz, ó doce mãe de Jesus.*

Mãe nossa, ergue teus olhos, com clemência
terna de amor.
Com milagres curai pobres, doentes que sentem dor.
Imaculada Virgem Maria, baixai teu rosto à forte luz.
Amável Senhora Pia, ao céu nos guia e conduz.

A afinidade entre as duas tornava a amizade um elo muito forte. Um dia, Maria resolveu: "Inês, levanta agora desta cama. Você vai andar". A amiga ficou indecisa, meio chocada, mas depois de tanta insistência resolveu tentar. Diariamente fazia incursões pelo quarto apoiada nos ombros de Maria. Até que a mãe de Inês surpreendeu-a em plena atividade de caminhar já solta pelo quarto. Ficou estarrecida e não conseguia entender o que estava acontecendo. Só uma coisa ficou bem definida: Inês, a sua querida filhinha, andava de novo.

Aquela era uma linda amizade. Brincavam, corriam, inventavam histórias, escreviam juntas.

Ao Divino Espírito Santo
Ó Divino Espírito Santo, deixai cair sobre nós
Santas graças do teu manto, que não vamos
esquecer de vós.
Lá no céu entoam hinos, tão serenos de amor.
São os anjos sempre divinos, que proclamam em louvor.
Entre as trevas e os perigos, que a nossa existência tem,
Quem te invoca, ó Santo Espírito, encontra
a trilha do bem.

Tibas era um tio encantador. Maria o amava como a um pai. Ele chegava diariamente do seu serviço humilde e ainda ia fazer agrados para os filhos. Brincava com todos (cinco ao todo), fazia goiabada amassada com leite e, na maioria das vezes, lá estava Maria para saborear junto dos primos o delicioso lanche. Mal sabia ela que naquela época a família do tio vivia com imensas dificuldades e uma boca a mais fazia bastante diferença. Jamais Tibas reclamara da vida, era sempre alegre, contava piadas e era muito amado pelas pessoas que com ele conviviam, fossem seus chefes ou colegas de serviço. Um dia, Maria descobriu que esse tio era um espírito abençoado que viera com a missão de ensinar à família aquilo que é mais difícil de incluir no dia-a-dia, a humildade e o amor ao próximo, sem nenhum interesse.

Maria possuía em seu caráter um carisma que a tornava líder de toda a atividade em grupo, quer brincando, conversando ou estando numa determinada situação. Ela sentia essa força que a impulsionava a ser sempre criativa, de uma imaginação fértil e fantasiosa. Tinha intuitivamente um sensor, que media a qualidade e quantidade de suas peripécias. Sabia exatamente o momento de parar ou continuar com a brincadeira. Isso a deixava contente, mas, por outro lado, estava se formando em sua personalidade um sentimento de não saber perder e até de uma certa prepotência. Era algo muito sutil, pois Maria era dócil e sabia como agradar as pessoas. Tinha o dom da palavra.

Certa ocasião, resolveu fazer um teatrinho na varanda de sua casa, usando dois gatos, Vini e Kau, como marionetes. Ela e a prima, Gina, vestiram roupinhas nos gatos e amarraram cordinhas em suas patas. Colocaram uma música na vitrola, subiram numa escada e começaram a manipular as cordas para movimentar os gatos ao embalo do som. As crianças e até adultos que assistiam riam desbragadamente, pois os gatos soltavam miados estridentes e se contorciam recusando-se a aceitar a situação. Foi divertido e valeu como ensinamento — não se deve desrespeitar a natureza do ser.

Maria e Gina, sua prima, brincavam muito juntas, mas o gênio ciumento da prima causava entre as duas muitas dissensões. Nessa ocasião, Gina costumava fazer-se de vítima para que Maria ficasse condoída e ela conseguisse exatamente o que queria, ou seja, mandar nas brincadeiras. Era uma necessidade da menina que Maria, apesar da pouca idade, conseguia compreender, embora muitas vezes ficasse realmente zangada, o que acabava resultando em briga. O primo Chiquito sempre estava do lado de Maria. Um ano mais velho, seu espírito inquieto encontrava nela um bálsamo. Esse primo, mais tarde, por causa dos excessos e da natureza nervosa, faleceu ainda bastante jovem, deixando uma família bonita. Maria e Gina, por causa das constantes mudanças da primeira, acabaram se afastando e bem depois tiveram um reencontro muito feliz com recordações do tempo em que brincavam e brigavam juntas.

Um fato interessante aconteceu na escola de Maria. Ela levava sempre o dinheiro contado para a condução. Um dia, quando saía da escola, apalpou a bolsinha em que guardava o dinheiro e qual não foi a sua surpresa ao verificar que não havia nada. Ficou chocada e sem saber o que fazer. Sua timidez impedia que ela pedisse ajuda à professora. A casa era longe, não dava para voltar a pé. Sentou-se no banco do jardim da escola e quase chorando implorou: "Meu Deus, ajuda-me a encontrar o dinheiro da passagem". Note-se que foi bem específica em sua súplica, pedindo o que realmente precisava. Levantou-se e andando até o pátio, cabisbaixa, olhando para o chão, notou um brilho nas pedras do calçamento. Abaixou-se e viu uma moeda, no valor exato da passagem, em resposta ao seu pedido. Com um gesto natural e muita alegria no coração, recolheu a moeda, agradeceu a Deus e foi para casa. Milagre?...

Quando cursava a 2ª série ginasial (6ª série), Maria começou a ter imensas dificuldades com a matemática. Só anos depois ela descobriu que a falha era do professor, que entrava embriagado na sala de aula e nada conseguia ensinar. Mariquita pediu ajuda a uma amiga de Laura para ensinar à Maria, senão ela ficaria reprovada. Zélia era meiga, gentil e extremamente competente. Conseguiu fazer Maria não só entender, como gostar de matemática. Essa mestra também nunca seria esquecida, pois soube muito bem cumprir seu mandato Divino nesta esfera.

A Adolescência

Retornaram à cidade onde Maria nascera e a volta foi tranqüila. O pai, Francisco, havia comprado uma casa com um imenso quintal cheio de árvores frutíferas, bem no centro da cidade. Era uma fase de bonança na família. Eles trabalhavam, o pai e o filho Alcy com a esposa, numa outra cidade bem próxima. Tinham um comércio de secos e molhados e estavam indo bem nos negócios. Laura, que já estava numa idade considerada avançada para o casamento, começara a ficar preocupada, pois desejava casar-se. Era uma moça bem feita de corpo, com um rosto expressivo, de aparência agradável, sem ser linda, conseguia parecer ainda bem jovem. Arrumou um namorado. Viúvo com quatro filhos, mas uma pessoa muito boa.

Maria adorava brincar com os primos, ir à praia e estudar. A escola era longe. Tinha que tomar o bonde, fazer baldeação para a lancha ou o bote e atravessar o canal (braço de mar que separava um município do outro). Achava isso gostoso, mas a mãe e Laura se preocupavam demais. Numa ocasião, ao voltar para casa com as amigas, ocorreu um fato que a preocupou, embora muito divertido. Julia, uma das colegas de Maria, moça espevitada a quem costumavam chamar de maluquinha por seu temperamento alegre e expansivo, falando pelos cotovelos com atitudes quase sempre desconcertantes e não medindo as conseqüências, ao cruzar a marina de madeira que a levaria até a lancha, resolveu jogar-se de uniforme escolar, na água do canal. Mergulhou e imediatamente voltou à tona, gritando: "Me ajudem, a água está fria, deu cãibra". Nesse momento, Maria sentiu uma sensação estranha, misto de medo e premonição.

Correu, deixando o material escolar de lado, estendeu uma mão segurando-se com a outra no mastro de madeira e ajudou Julia a subir. Todos riam, pois a menina até sabia nadar um pouco e a cena tornara-se cômica pelo jeito como aconteceu. Mais tarde, Julia confessava à amiga que sentira o medo da morte e que algo a puxava para baixo, para a água gelada que lhe enrijecia os músculos.

Maria, em plena atividade escolar, não tinha muito tempo para amizades, festas, e nesse tempo o pai começou a decair nos negócios, não conseguindo oferecer à família uma vida mais confortável. Nada de gastos, de desperdícios. A hora era de economia forçada. Maria não reclamava, mas começou a desenvolver um certo complexo de inferioridade diante das amigas, cujos pais podiam proporcionar essas veleidades. Não podia comprar um vestido mais bonito, nada de ir ao cinema ou a espetáculos pagos. Isso não chegava a aborrecê-la e mais tarde tirou daí uma lição: "o tempo que gastaria com essas coisas era consumido nas leituras". Lia muito, escutava rádio, ia à praia. Os livros vinham da Biblioteca Municipal e eram maravilhosos, verdadeiras lições de vida. As músicas românticas a fascinavam e como ela gostava de cantar! Tinha até um caderninho com as letras. A praia era o seu maior prazer. Andava muito pela areia, nadava, jogava bola com as primas, era uma alegria só. Contudo ela não possuía o discernimento necessário para saber o valor do seu potencial criativo. A emanação do seu ser, abrindo espaços para a total realização pessoal, viria mais tarde quando a descoberta interior despontasse no horizonte de seus dias.

Uma amiga da escola, Lair, a convidou, um dia, para ir até à igreja da qual fazia parte. Era uma igreja evangélica, onde havia muitos jovens, como ela, e cuja participação era ativa e valorizada. Maria gostou. Fez cursos evangélicos, leu a Bíblia e lembrou-se de fatos da infância que a impulsionavam uma vez mais para o conhecimento espiritual. Aprendia, participava, mas insistia em ficar na periferia do conhecimento. Não ficava encorajada a assumir maiores responsabilidades. Quem sabe não era o momento!

Dentre as pessoas que conhecia, havia uma que admirava pela simpatia, pela força, liderança e objetivo. De forma alguma essa admiração seria confundida com outro sentimento que não fosse o da amizade. Ficava bem claro em sua mente que Eric representava naquela ocasião o seu *alterego*, tudo o que ela gostaria de ser como pessoa. Essa era a época em que o hipnotismo estava em alta no país e Eric resolvera fazer um curso. Aprendeu e depois solicitava às suas irmãs, Julia e Alda, e também à Maria que com ele colaborassem em alguns inofensivos experimentos como: colocar as mãos na parede e sob o seu comando ficar com as mesmas retidas até que se desse ordem contrária; deitadas no chão recebiam ordem para passar a um estado cataléptico sem perder a consciência, até que houvesse ordem para sair desse estado. Era bastante interessante. Esse tempo passou, Eric tornou-se um médico renomado e provavelmente terá desenvolvido novos conhecimentos e técnicas de aperfeiçoamento da hipnose aplicadas em suas atividades profissionais.

Formatura merecia um sacrifício. O vestido branco, mais uma vez de lese com rendas, decotado nas costas, os sapatos brancos de saltos Luís XV, o penteado a la Garçonne, curtinho e cheio de cachos, a maquiagem discreta, realçando a graciosidade de Maria. Sentia-se uma princesa, bela, cortejada pelos admiradores e principalmente feliz por ter vencido essa etapa tão difícil com uma medalha de condecoração por ter sido a primeira da classe. Era uma adulação só. O irmão Alcy comprou-lhe um anel de formatura muito bonito. Ele era o padrinho. Todos foram à festa: os pais, os irmãos, o futuro cunhado e uma tia muito afeiçoada à família. Dançou muito, ficou alegre e, na saída, já na rua, a tia quebrou o salto do sapato e passou a se apoiar ora num, ora noutro. O problema é que Teca era muito gorda e as pessoas quase caíam por não agüentarem o peso dela. Nessa época, muito poucas pessoas possuíam um carro, e Maria e a família faziam parte da maioria.

Dezoito anos, muitos sonhos...

O maior deles era encontrar o seu príncipe encantado, casar-se, ter filhos. O amor era a mola mestra que impulsionava o seu ser. E ainda é...

O Encontro

Dia de festa em cidade interiorana é sempre uma novidade que desperta nas pessoas, sejam jovens ou idosas, toda sorte de motivação. Surgem emoções diversas. As crianças pensam nas brincadeiras, na liberdade momentânea por estarem os pais muito ocupados com os preparativos da festa, qual seja sair, participar, colocar roupa nova, rezar, pedir, agradecer uma graça à padroeira. Enfim, cada qual tem um motivo especial para sair. Os jovens, como sempre em todos os tempos, já se preparam para um encontro, casual, ocasional ou preestabelecido. Muitas vezes esta é realmente a melhor ocasião de se encontrar a pessoa que irá participar da sua vida. Tudo começa com esse preparativo, essa expectativa. Tudo fica mais colorido, os olhos brilham diante do espelho ao se arrumar, esmerando-se na aparência ao máximo, usando sua roupa mais bonita, um perfume, um pequeno detalhe que destaque a personalidade da pessoa.

A rua fervilhava de gente andando, conversando, olhando todos os movimentos à espera do fator desencadeante da festa: a procissão de Nossa Senhora, em que a imagem da santa viria em destaque, num andor ornamentado com as mais belas flores, rendas, incensos, velas. Todo o aparato de uma grande homenagem desse povo cheio de fé àquela que tem atendido a tantos em suas súplicas. Naturalmente nem todas as pessoas que ali comparecem o fazem por fé ou amor, mas simplesmente pela oportunidade de sair, de ver gente. Alguns passam ao largo, sem cogitar de uma participação mais ativa, pois aquele não é o seu credo, ou até mesmo não têm crença alguma. Mas o que importa? O momento é propício às trocas, aos encontros, à ação invisível do destino...

"Quem vem lá, quem vem lá! É o cavaleiro (e cavalheiro) de branco, montado no seu lindo cavalo branco com um sorriso nos lábios, uma flor na mão e um coração aberto para o amor."

Maria, como não poderia deixar de ser, estava presente com algumas amigas e lá, bem no meio da calçada, apareceu o rapaz de branco. Vestia calça e camisa de linho branco. Era jovem, quase uma criança, bonito e alegre. Viram-se, não se falaram. Só os olhos se encontraram por fração de segundos e deu-se o contato energético. Alguém mais notou o contato, Mariquita, que mais tarde comentou sobre o rapaz de branco.

À noite haveria um baile de inauguração de um clube na cidade, e Maria e sua família iriam a essa festa. Maria vestia um belo vestido de lese branco, bem decotado nas costas e com saia godê. Era bem magra e a moda da época lhe caía muito bem. Sentia-se à vontade e logo começaram a tirá-la para dançar, pois o costume mandava que os rapazes convidassem a moça. De repente, ele, o rapaz de branco, surgiu à sua frente e convidou-a para dançar. Ela naturalmente aceitou e passaram a conversar bastante. Estava dada "a largada" para o lindo e conturbado romance da vida de Maria.

"A princesinha sentava-se na última porta do seu castelo e lá ficava horas a fio, olhando o céu, as árvores, os animais, assim contemplativa, cantava. Sua voz melodiosa ecoava pelo espaço aberto, chamando a si os pequenos seres que a alegravam com sua presença, dançando enquanto ela cantava. Às vezes pulavam à sua frente, faziam piruetas, corriam, rolavam no chão e riam muito. Ela sorria e continuava cantando. Sabia que um dia o seu príncipe encantado chegaria. Ele deveria ser belo, elegante, bondoso, terno e carinhoso, mas principalmente protetor. A princesinha fazia questão dessa qualidade em seu príncipe para se sentir amada e amparada. Ele chegaria, desceria do seu cavalo branco, dar-lhe-ia as mãos e a levaria para viverem todas as emoções desta vida e deste Planeta, juntos.

Ele chegou. Chegou numa veste branca, amou-a e a protegeu..."

A Realidade

Tempos de bonança...
Tempos de tempestade...
Passou a ser assim a vida de Maria. O mundo de sonhos precisou dar a vez para o mundo dos pés no chão, da realidade. Namoro, noivado, casamento. Filhos foram chegando. Medos, dores, inseguranças também. A compensação era sempre muito gratificante, pois podia resumir-se num sorriso do filhinho amado. Ela adorava ser mãe. Brincava muito com o bebê e agia intuitivamente com relação ao aprendizado dele. Na verdade, a grande escola era mesmo a própria vida, os fatos que aconteciam com ela e o filho é que a ensinavam a lidar no dia-a-dia.

Interessante como os fatos a conduziam sempre para mudanças. Parecia não pertencer a lugar nenhum, nem ao que nasceu, nem ao que estava no momento. Isso também se constituía num elemento de insegurança para ela, pois não se fixava em lugares, e com as mudanças ficavam para trás os amigos, as pessoas que passavam como um filme inacabado em sua vida.

Mais uma vez fora morar em outra cidade. Desta vez com o marido e o filho, num lugar bem longe da família. Aos vinte anos, tornava-se difícil para Maria vivenciar aquela experiência de desapego. Mas o amor, a proteção e a confiança que sentia no esposo não a deixavam duvidar.

Mais um filho, lindo bebê rosado, saudável. Depois outro bebê rosado e grande, desta vez uma menininha. Maria fazendo tudo o que sabia de casa para cumprir com a sua obrigação familiar. Não sabia muito, porque a família, principalmente a irmã Laura, a havia poupado da lide doméstica, por ser a caçula da casa, mas isso não a impedia de dar conta do recado.

As coisas não iam tão bem assim para o casal, que brigava muito, até mesmo na frente das crianças, sem pensar nas terríveis conseqüências dessas atitudes na mente infantil. Os dois ainda não haviam crescido também. Eram crianças maiores cuidando de educar as menores. E, é claro, isso não dá mesmo certo. No final, apesar de tudo, sempre se acertavam, porque diante do Plano Divino traçado pelas mãos do Pai, essas duas pessoas deveriam acertar os passos nessa vida ainda.

Os momentos bons compensavam os demais.

João tivera uma infância bem diferente das demais crianças. Desde pequenino trabalhava na roça, pois o pai possuía algumas terras compradas à custa de muito sacrifício e trabalho duro. Os pais eram pessoas íntegras e todos na região tinham por eles o maior respeito. O pai de João era o delegado da vila e vivia constantemente lidando com casos violentos que aconteciam por lá. Como não podia deixar de ser, João estava em constante contato com essas situações, pois, na verdade, a delegacia era a sala de visita de sua casa. Costumava-se presenciar os mais variados diálogos, travados no ardor de uma discussão entre os autuados e seu pai delegado. Contou que uma vez o indivíduo entrou na casa armado até os dentes com facão, garrucha e disposto a qualquer coisa para preservar a liberdade. Mas Jonas, o pai, era durão. Não deixava tomarem as rédeas da situação, e mesmo diante do perigo iminente, ele manifestava autoridade e era obedecido.

João admirava muito o pai, pois nele via força, a coragem e determinação, o que fortalecia a sua ligação com a figura masculina, tão importante na infância de um garoto. Era muito levado e isso lhe trouxe uma série de problemas. Metido a justiceiro, brigava com os garotos maiores que tentavam se aproveitar dos menores. Só se esquecia de um detalhe: ele era um dos menores também, o que sempre o fazia necessitar de um bom reforço por parte dos irmãos mais velhos. A infância passada na fazenda era boa. Muita fruta, muito banho de rio, catecismo, escola, levar a professora até a estação de trem puxando as rédeas do cavalo. Apesar de ficar a alguns quilômetros de distância, João não reclamava. Aliás, ele era sempre aquele que saía para cumprir essas tarefas solicitadas pelo pai. Precisava-se de algo rápido, mandava-se o João. Embora não tivessem consciência disso, os pais estavam agindo com João com bastante psicologia, pois, como era uma criança hiperativa, o certo era mesmo dar-lhe bastante atividade para que canalizasse sua energia.

Jonas comprara um ônibus que colocara para fazer as viagens da vila até a cidade. Foi uma festa. O irmão mais velho dirigia e João cobrava as passagens. Desenvolvia uma responsabilidade enorme desde criança e isso iria acompanhá-lo durante toda a sua vida. Além disso, conseguia sempre uns "troquinhos" a mais fazendo compras que os moradores da vila lhe encomendavam. Grande lição de vida. Aprendeu a lidar com o dinheiro. Tinha que fazer também a limpeza do ônibus, mas isso não chegava a ser um desestímulo para João, mesmo porque as compensações eram maiores. Havia ainda as meninas que balançavam as mãos e sorriam quando o ônibus passava pelos outros vilarejos antes de chegar ao seu destino, a cidade. João era alegre, gostava de dançar e chegava a brigar com a irmã para que ela passasse sua roupa de festa. A vida da família era bastante sacrificada, não havia dinheiro fácil e na fase em que ele precisava de maior apoio para estudar e divertir-se, faltava-lhe quase tudo. Precisou morar na casa dos parentes na cidade, e trabalhava o dia inteiro no armazém do tio para poder estudar. Quantas vezes sentiu o amargo sabor da humilhação... Quantas vezes o estômago reclamava da falta do alimento... Quantos desejos ocultos, não realizados...

Uma vez mais, valera como ensinamento, como disciplina do comportamento, mas a experiência deixara marcas indeléveis no espírito daquele jovem ainda imaturo e cheio de ilusões. Um jovem como outros, que acabou tendo que ser diferente, já que a vida assim exigia dele.

As Amigas

Lourdes e Maria Thi, duas amigas, duas pessoas que num momento de vida deram a sua contribuição para o árduo aprendizado de Maria. A primeira tinha uma situação econômica bem favorecida e adorava Maria e as crianças. Levava todos para sua casa, fazia um lanche gostoso e falava coisas com seu sotaque nordestino que Maria tanto achava engraçado. Quando começou a desfrutar de certa ascensão social, sugeriu a Maria que agora não ficava bem tê-la com freqüência em sua casa por causa dos outros amigos; afinal, as crianças faziam muito barulho e davam trabalho. Maria compreendeu logo e, embora muito entristecida, afastou-se para não criar problemas para a amiga, cujo marido tinha que manter um nível elevado de amizade. Aprendeu assim que os fatos externos, a sociedade, interferem no interior, no coração das pessoas ainda inseguras e que não têm forças para vencer esses obstáculos.

Maria Thi podia ser considerada uma moça do interior, cuja simplicidade no falar e nas atitudes revelavam a sua origem. Vivera, até a época do seu casamento, na fazenda dos pais. Era forte, bela, extrovertida, sem afetações e sabia tudo de culinária, ao contrário de Maria, que só sabia o trivial. Ela ensinou muitos pratos à Maria e, para completar a afinidade, adorava as crianças. Era recém-casada e não tinha filhos; ficava o dia inteiro brincando com os filhos de Maria, três ao todo. Quando a mais novinha ia completar um ano de idade, Maria Thi fez questão de patrocinar a festinha, era o seu presente. Fez todos os docinhos, quitutes, bolos e ainda presenteou a menina com um cordão e uma pulseira de ouro. Maria adorava conversar com a amiga e ela foi a primeira a possuir uma televisão nas redondezas. Maria, a convite da amiga inseparável, ia toda noite assistir aos seriados "Bonanza" e "O Fugitivo", programas norte-americanos que eram o sucesso da ocasião. Tudo ia muito bem até que uma outra vizinha, cujo sentimento inferior da inveja predominava em suas atitudes, armou a maior confusão, dizendo à Maria Thi coisas que, até hoje, Maria não conseguiu descobrir, mas que sem dúvida eram grosseiras mentiras. A amiga afastou-se sem dizer nada, deixando à Maria o benefício da incerteza. Será que existe em nosso Planeta alguém capaz de dizer somente verdades, fazer tudo certo, ser confiável?...

Maria sofreu e aprendeu que deveria ser mais atenta aos pequenos detalhes. Talvez devesse ser menos ingênua... Essa era uma característica que havia herdado de Mariquita, sua mãe.

A vida era difícil, dava-se atenção à prioridades: alimentação, saúde, escola de João, que cursava agora a Universidade. Maria era bem feita de corpo, jovem e gostava de fazer as suas roupas. Além do mais, aquilo não deixava de ser uma boa economia. As vizinhas ficavam encantadas e pediam a Maria para costurar para elas também. Começou assim, sem planejamento, uma primeira forma de ganhar um dinheiro extra, costurando para as amigas. Não cobrava muito, mas mal sabia que aquilo era apenas um ensaio para vôos mais altos. A águia começara o seu trabalho. Mais tarde é que surgiria a verdadeira profissão, mas para o momento estava muito bom, o dinheiro servia-lhe para comprar um par de sapatos, uma bijuteria, roupinhas para as crianças.

As outras amigas vieram bem mais tarde, quando Maria já possuía o discernimento do bem e do mal. Às vezes não é tão fácil encontrar nessa vida a sua verdadeira "turma" ou família espiritual com a qual compartilhar todos os momentos "bons" ou "ruins" de sua jornada terrena.

Água, Fluido de Vida

A água é o fluido da vida. A matéria é feita de grande porção de água. A fonte da vida é o simbolismo da água representando o nosso alimento espiritual. Bebamos da fonte inesgotável de amor e bondade do nosso Divino Mestre que é pródigo em bênçãos. Lavemos nossos corações e mentes dos pensamentos negativos; vamos mergulhar nossos espíritos na fonte cristalina vinda de um plano superior, onde tudo é paz e harmonia, onde os campos são de um verde reluzente como cristal, onde os pássaros cantam uma melodia doce, que nos inebria e comove. Lavemos nossas faces das impurezas da leviandade, da falsidade, da inveja, do ódio, de toda mesquinhez mundana com as lágrimas da redenção, do arrependimento, da visão do futuro com Deus.

Deixai-me, ó Pai, molhar as pontas dos meus dedos na água da vossa infinita misericórdia; velai por todos nós que de vós necessitamos. Amparai-nos e dai-nos forças para chegarmos ao fim de nossas provas dando-nos a perspectiva de vislumbrar vossa glória para que nela nos comprazamos. "Bebei este vinho. Ele é o meu sangue que em louvor a meu Pai vos ofereço e comei este pão que é a minha carne que será sacrificada em favor da humanidade. Eu sou o Cordeiro de Deus que tira os pecados do mundo". Jesus, o Cristo, o Renovador, o Reformulador de idéias preconcebidas por homens que se julgavam privilegiados, disse estas palavras um dia. Ele falava por parábolas e bem poucos o entendiam na sua intelectualidade feita de simplicidade e muito amor. Muitos o seguiam por constatar os seus milagres, fenômenos necessários à mentalidade e evolução do povo daquela época. "Bem-aventurados os pobres de espírito, pois deles será o reino dos céus" (às pessoas ignorantes, mas que por pouco entenderem o aceitavam por Ele mesmo, sem perguntas desnecessárias). Inteligente é o ser humano que, após ter atingido um grau de intelectualidade e conhecimentos filosófico-científicos, se curva sobre seu cabedal de cultura e diz: "De que me adiantam todas essas coisas a não ser para convertê-las numa finalidade única e verdadeira: Deus existe e eu sou um pobre ser que nada sei e que dele necessito para guiar meus passos na caminhada que me levará até Ele, fonte de tudo, criador de todas as coisas existentes das quais estudei e pesquisei as origens".

A origem da vida é Deus, a causa maior e infinita. Todas as outras coisas são os efeitos desta Causa Divina.

• • •

Duas vezes grávida em momentos críticos — quando o bebê ainda tinha oito meses fez o primeiro aborto. Depois, quando estavam para se mudar novamente para outra cidade, a insegurança, o medo, o segundo aborto. Na ocasião teve medo, mas movida por uma espécie de mágoa que não a deixava ter vida própria, fez o que achava justo para ela. Mais tarde, o conhecimento das Leis Divinas, a evolução, a conscientização fizeram-na arrepender-se amargamente e chegou a carregar essa culpa durante quase toda sua vida, até que aprendeu a pedir perdão e a se perdoar. Retirou do coração toda mágoa e compreendeu que somos aquilo que plantamos, que queremos ser. A conseqüência dos atos impensados refletem-se de imediato em nossas vidas. A cada nova cirurgia a que era submetida, Maria não conseguia entender essa Justiça Divina que a castigava tanto. Ao todo fez nove cirurgias. Só bem depois entendeu que quem se castigava era ela mesma e não Deus. Ele só quer a perfeição e a abundância de tudo para os seus filhos e filhas criados à sua imagem e semelhança. Foi um processo longo e sofrido, mas Maria superou as maiores dificuldades, comprovando para si mesma, e quem sabe para a família, que por dentro era uma forte, uma amazona.

Pequena Mensagem de Apoio a Todas as Amazonas

Somos Amazonas. Nosso destino neste planeta é fortalecer os vínculos familiares, doando energia para os nossos que ainda se encontram em estado de evolução alterado. Somos capazes de tudo por amor. Temos a força que emana do alto em nosso chakra da coroa, brilhando em dourado ouro em toda sua plenitude, nos elevando ao seu nível vibracional. Temos que fortalecer os nossos, apoiá-los, é nosso dever, nosso compromisso firmado lá em nosso planeta. Somos polivalentes, acertamos todos os alvos, sabemos fazer de tudo um pouco. O propósito é Divino. Somos Amazonas, fazer o quê? É o nosso destino ígneo agora...

"O que É a Justiça?"

Há justificativa para que num país onde a grande maioria morre de fome não se mate ou sacrifique uma vaca, considerado um

animal sagrado? Mas todas as criaturas são sagradas, principalmente as que possuem a individualidade ou espírito que Deus lhes deu. O animal foi criado para servir ao homem que, ao prover as suas necessidades biológicas de sobrevivência, não deve, no entanto, abusar de sua superioridade diante desse ser que deve ser protegido. Nunca o abuso, nunca as caçadas criminosas pelo simples prazer lúdico e satisfação da vaidade humana, porém a sobrevivência inteligente que depende do uso dos recursos fornecidos a ele pelo Pai.
Um centurião pergunta a Jesus para fazê-lo incorrer em transgressão da lei: "Mestre, César cobra-nos impostos exorbitantes para manter sua majestade. É justo que passemos fome e lhe paguemos os impostos?". Ao que Jesus respondeu: "A César o que é de César e a Deus o que é de Deus. Nem só de pão vive o homem, mas também das palavras que venham de nosso Pai". Jesus, o justo que se indignou ao entrar num templo do Pai, e lá, verificando que estavam comerciando e manchando com vulgaridades um lugar sagrado, expulsa com violência os violadores do lugar santo. Jesus, que mandou apedrejar uma mulher que havia traído o marido dizendo: "aquele que for puro e nenhuma culpa tiver em seu coração, atire a primeira pedra", ao que todos se afastaram deixando de cumprir uma Lei escrita no Velho Testamento e que o Reformulador adaptou ao que conhecemos por Justiça.

    Judeus, onde está o vosso Cristo? Por que achais que ele ainda não veio? Por quanto tempo retardareis vossa evolução espiritual? Direis que Daniel, o profeta de Deus, escreveu: "Antes do Cristo prometido para a libertação e salvação do povo de Deus virá Elias que lhe preparará o caminho com suas preleções e profecias". Direis então: "Estamos esperando Elias que ainda não veio". Sois cegos? Quem seria Elias que não João Batista, que veio em outra roupagem material e que se alimentava de gafanhotos e ervas silvestres, que pregou a vinda do Cristo e que, ao encontrá-lo pela primeira vez nas águas do rio Jordão, o batizou dizendo: "Eis aquele que vos foi prometido. Ele é o filho de Deus". Batista era um justiceiro e falava contra o governador e a conduta de sua mulher. Era objetivo, direto, revolucionário. Por isso foi preso e decapitado (justiça dos homens).

    Jesus era um justo, pregava amor e fraternidade, e foi se fortalecendo perante o povo que o respeitava e amava. Era perigoso aos olhos da corte e o imperador o condenou por medo de uma concorrência de poder. Foi crucificado e sofreu os suplícios terrenos, mas

foi justo até o fim e levou com ele aquele que no momento da morte se arrependeu e nele acreditou.
 A justiça do homem é falha, mas a Divina é infalível. "Pedi e vos será dado, orai e sereis atendido." A misericórdia Divina tarda quando é preciso, mas não falta.
 Perdoai-me, Jesus, pelas minhas faltas. Dai-me a luz de vosso entendimento, fazei-me compreender a insignificância das coisas perecíveis e mostrai-me a grandiosidade de suas maravilhas.
 O riso das crianças é uma maravilha, a alegria das mães na sua maternidade é uma maravilha, a inocência dos puros é uma maravilha, a humildade dos superdotados é maravilha, a união dos amigos em todas as horas é maravilha, toda a criação e criaturas de Deus são maravilhas.
 Toda maravilha é justiça. Toda justiça é amor. Todo amor é Deus.

O Dia-a-Dia

O dia-a-dia de Maria só não era monótono porque a lide com as crianças a deixava tão exausta que mal tinha tempo de pensar. Era roupa para lavar e passar, comida para fazer, banhos, sopinhas, mamadeiras, costuras para dentro e para fora de casa. As horas, os dias, os meses, os anos e ela mal se dando conta do que acontecia fora do seu mundinho. Tinha parado com os estudos, pouco lia, não saía, mas lá fora a vida continuava, acontecia. João prosseguira sua caminhada, cursara a universidade e ainda jogava futebol, dirigia o clube esportivo, tinha sua turma e isso, segundo ele, era o mínimo merecido pela dedicação à família. Afinal, vivia para a esposa e os filhos, trabalhava incansavelmente e a única distração consistia nessas partidas de futebol com os amigos.

Maria não tinha amigas, apenas conhecidas com quem raramente dividia alguma confidência; nada íntimo porém. Começava ali o desenvolver de uma característica de sua personalidade que ela deveria carregar nos ombros por muito tempo, qual seja, a solidão. Como era possível isso acontecer, tendo ela marido, filhos, pessoas ao seu redor o tempo todo? Era a interiorização de suas mágoas não divididas durante anos de sua vida. Nesses casos, explicam os psicólogos, os malefícios aparecem logo no corpo: dores, tensões, cirurgias e principalmente o medo. Muitas vezes sentia-se pressionada pela situação familiar. Parecia que isso nunca teria um fim, que os filhos dariam mais e mais trabalho e ela não aguentaria o cansaço, a divisão de atenções e tudo o mais. Chorava muito e se martirizava, não contava para ninguém. O marido, jovem que era, também deveria sentir essa pressão da imensa responsabilidade, só que pela forma mais explosiva do seu temperamento, traduzia em palavras e gestos agressivos, tornando a situação ainda mais insuportável para Maria. Brigas mil, palavras injustas soltas ao vento, ameaças de separação estavam se tornando cada vez mais freqüentes e comuns entre o casal. João tinha um dom que impedia no entanto a finalização desses projetos e que se chamava persistência. Parece, e verdadeiramente comprovara-se mais tarde, que a mão divina intercedia sempre para amenizar o inferno criado pelo casal e que agia de forma desastrosa sobre a educação dos filhos, tornando-os medrosos, inseguros. As crianças sempre foram muito amorosas, carinhosas, viviam ao redor da mãe, tornando mais suaves os momentos de sofrimento. Maria os amava com imensa alegria e errou bastante na educação deles, por querer suprir o lado intimidador do pai, compensando-os pelos gestos agressivos do mesmo.

Um Pequeno Interregno

Certa vez, sem que ninguém esperasse, Jonas apareceu na casa do filho. Ele gostava muito de Maria e passava longo tempo conversando com ela e brincando. Nesses momentos ele revelava a criança que havia em seu interior e Maria até chegava a compreender por que Jonas um dia deixara a esposa; na verdade, ela era a lembrança constante da rigidez, da responsabilidade que o aguardava na vida diária. Os sorrisos haviam fenecido, se é que algum dia existiram nos lábios daquela mulher forte, destemida. Jonas era o reverso da medalha. Brincalhão, abrutalhado e com uma enorme ânsia de viver cada momento de sua difícil e atribulada vida. Assim foi que encontrou, talvez ilusoriamente, aquela que correspondia aos seus anseios. Isso trouxe tremendo transtorno na vida familiar e os filhos não aceitaram definitivamente esta separação. Não conseguiram compreender o que o levou a deixar aquela mulher, sua mãe, tão bela ainda, tão mais capaz em todos os sentidos, por outra que provavelmente nem chegava aos seus pés. Jonas, entretanto, era um impetuoso, característica essa herdada pelo filho João, e não pensou duas vezes; foi fazer uma nova tentativa nesse relacionamento que perduraria até o final de seus dias.

Foram crescendo as crianças de João e Maria, estudando, cometendo pecadilhos perdoáveis, nada tão grave. A infância foi vivida num ambiente escolhido por Deus. Muito verde, muitas árvores, muito ar puro produzindo energia e elas gozando de uma liberdade impossível de ser vivida, fosse outro o local de sua residência. Todas as crianças da vila eram assim, soltas, descontraídas, sem grandes compromissos, ingênuas. Um pequeno paraíso terrestre. Foi bom para todos. Ficaram saudáveis, libertos, mas continuaram com a ingenuidade que iria mais tarde talvez prejudicá-los na selva de pedra.

Retrospectiva de um Jovem

Uma criança sistematicamente brinca de cantar, em todas as oportunidades que lhe aparecem, canta, os outros elogiam, a criança se entusiasma e continua cantando cada vez melhor. A criança cresce sempre cantando e sonhando, sente vontade de dançar e tocar piano, acha que sabe (rememorações de um distante passado?). Na realidade ela não sabe também cantar, apenas gosta e se sensibiliza com músicas sentimentais. Mais tarde, a criança já adulta, raciocinando melhor, verifica que não é cantora, dançarina ou instrumentista, gosta de estudar e estuda com vontade, gosta de ler e lê sem uma prévia seleção do material a ser lido e isso é prejudicial na fase da adolescência, quando a imaginação dá rédeas soltas a uma série de pensamentos e opiniões mal formuladas. Vem e sobrevém a indecisão; a sensibilidade do adolescente faz com que ele sofra mais do que todos que o rodeiam e se revolte com os problemas advindos de uma falha familiar. É uma carga insuportável para o imaturo, que, no momento em que busca a sua realização, a moldagem para a sua personalidade ainda indefinida e frágil, encontra o obstáculo da insegurança de um lar em decadência apesar dos sobre-humanos esforços de uma mãe que luta pela união da família. O que acontece? O jovem fica inseguro, não tem forças para saber o que quer, qual o caminho a seguir.

Muitas vezes alguns jovens se embrenham pelos caminhos obscuros que a vida apresenta e deles não conseguem se libertar. Outros amadurecem pelas experiências, renascendo para uma nova vida, consciente e feliz. Entretanto, existem também aqueles que por uma proteção superior acham uma mão que lhes é estendida e a ela se agarram e se aninham no seio do ser que lhes oferece proteção e guarida, e confiam e se entregam e vencem, e quando vencem levam consigo o ser que lhes protegeu e agora além de os amar e agradecer o conduz para a luz. O caminho é a certeza do amanhã, onde aquele jovem não é mais um cantor frustrado ou um artista decadente, mas um adulto que achou o bem maior.

O bem maior é o amor emanado em todas as suas variadas formas, a fraternidade e a esperança no futuro.

O futuro é Deus.

"O sonho pode se transformar em algo objetivo — força da mente atuando junto ao coração."

"Ilusão é uma fumaça que ao simples soprar de um brisa desvanece, vai embora."

"Mente é espírito. Cérebro é órgão, matéria."

"O destino é como uma velha senhora gorda tecendo uma infindável malha para cada ser. As pessoas colocam amarras na malha, mas o destino persiste, desmancha as amarras e retorna ao ponto de partida."

(Sarah)

A Profissão

Esmeralda tornou-se muito amiga da família. João todos os dias dava carona a ela e, antes de levá-la, passavam em casa para ele fazer a refeição. Um dia, Esmeralda anunciou que iria casar-se e conseqüentemente mudar para uma escola mais próxima, onde ficaria mais fácil para ela lecionar, professora que era. Foi feito um acordo de que Maria seria apresentada ao diretor concorrendo à vaga deixada pela amiga na escola. Na ocasião essa questão era resolvida pelo Secretário de Educação, e para a Secretaria foram Maria, o Diretor e outra professora que concorria também à vaga. Na verdade, o Diretor gostaria mesmo de ajudar à outra professora e não a Maria, pensando talvez que ela não precisasse tanto, por isso entregou os termos de admissão para a assinatura do Secretário constando do mesmo: dezessete aulas para Mirna e cinco para Maria. O Secretário leu o texto e disse: "Não entendi, portanto, não aceito assinar. Sugiro que o senhor reformule os termos do contrato dividindo ao meio o número de aulas para cada professora. O diretor, sentindo-se pressionado e sem alternativa, fez o que já deveria ter sido feito antes e assim Maria viu pela primeira vez, no seu primeiro emprego, funcionar a Justiça Divina pela mão humana.

Muitos anos de trabalho. Os alunos adoravam Maria, pois ela era mais que professora. Era mãe, amiga e orientadora. Suas aulas causaram até, em certa ocasião, muita polêmica na escola. Ela saía com os alunos para o pátio e dramatizavam as leituras dos livros, faziam fórum dos assuntos mais importantes do momento e isso tornava a aprendizagem mais fácil e interessante, simplificando o angustiante problema da avaliação da disciplina Língua Portuguesa. Tudo se tornava prático e simples com o uso cotidiano dessa prática pedagógica.

Certa vez, a diretora da escola chamou Maria para conversar. Contou-lhe sobre a grande problemática que vinha enfrentando na Instituição: os papéis. Tudo atrasado, errado, mal feito, prejudicando a vida funcional de todos que ali trabalhavam: "Vou colocar a casa em ordem, começando pela sua carreira profissional que, se assim continuar, vai atrapalhá-la demais e você é uma pessoa competente para merecer tal coisa, portanto, vou precisar de sua ajuda, por isso a chamei aqui. Aceita a incumbência de montar a nossa Biblioteca escolar? Averiguando seus papéis, vi que você fez um curso de bibliotecária, não é mesmo?"

Maria ficou feliz por poder ajudar e ao mesmo tempo colocar em prática seu potencial de trabalho. Organizou toda a Biblioteca com a ajuda dos alunos, orientando-os a encapar, etiquetar, separando posteriormente por assunto e ordem alfabética os livros, aproveitando ainda para dar aulas de Literatura. Foi tão bom... Um sucesso para todos que se beneficiaram com aquela arrumação. Infelizmente a escola pública não contava com uma boa administração e os recursos necessários à manutenção daquela estrutura organizada. Cada administrador que entra no lugar do outro, em vez de dar continuidade a um bom trabalho realizado, fica muito mais preocupado em desmanchar o que está pronto fazendo o que acha melhor, até por uma questão de vaidade, sem consultar a comunidade escolar e os colegas de trabalho.

Maria sempre gostou de fazer coisas extras no trabalho. Muitas historinhas eram contadas para ilustrar os vários assuntos que iriam fazer parte da aula e assim ela angariou a simpatia das crianças, contando histórias da época de Jesus. Pediram para que ela ensinasse religião. Ela aceitou, não a ensinar religião, mas a orientar aquelas crianças para uma vida com amor, sem culpas e medos. Ficava um dia por semana durante uma hora após o término das aulas com as crianças que se interessavam pela conversa. Eram muitas, tantas que a sala ficava lotada. Gostaram e pediram para levar os pais, amigos, tios. Maria conseguiu autorização da diretora para fazer isso aos sábados, para não interromper a seqüência de aulas. E fez. Conseguiu orientar várias pessoas que se identificaram com as personagens das histórias. Essas personagens eram retiradas da história bíblica, dos livros espíritas (psicografias), das histórias orientais e sempre finalizavam com uma mensagem implícita de moral do bem vencendo o mal. Usava um vocabulário claro e simples, brincava às vezes com as palavras e todos riam (ou choravam). Foi um tempo inesquecível, mas como tudo tem um ciclo de começo, meio e fim, também aquela etapa de trabalho um dia teve sua conclusão, com a transferência de Maria para outra escola. Mas ficaram as sementes de amor plantadas nas almas daqueles seres tão simples.

Nessa época, Maria fazia parte de um Núcleo Espírita, do qual participava ativamente em todos os trabalhos beneficentes e espirituais. Muitas daquelas pessoas que participavam das leituras com Maria na escola foram encaminhadas para esse Núcleo, onde foram atendidas e algumas delas fazem parte até hoje da Organização.

E Maria? Maria não parou ali. Alçou novos vôos, aprendeu outras filosofias e religiões, estudou muito todos esses assuntos espirituais e esotéricos. Houve até um tempo em que Maria resolvera não pertencer a nenhum movimento, organização ou seita. Parou para refletir. Tinha lido muitos livros, feito muitas comparações, idealizado muitas religiões e chegara à conclusão de que nada disso a satisfazia inteiramente, embora respeitasse profundamente tudo o que havia aprendido até o momento. O jeito era fazer o que os sufis recomendam. Parar, não pensar, entrar em estado de meditação.

Esse é o árduo caminho da evolução. A escalada para a luz mal começara...

Um Passeio Inesquecível

Tarde de outono. Tarde de domingo.
Duas mulheres passeiam no parque.
Trocam confidências, incentivos mútuos.
Olham-se nos olhos cheios de amor.
Esse amor fraterno, universal, de duas almas
Que se encontram na Mãe Terra.
Uma, jovem, mas com a experiência e a força
de uma pantera.
Outra, madura, mas com a ingenuidade de criança e a
mesma força da pantera.

*Ouvem a música new age recostadas na
pessoa-de-pé (árvore).
Inspiram a energia da natureza e se confraternizam.
Conversam, comem, vêem fitas de vídeo já no
aconchego do lar.
A viagem da jovem com o esposo em lua-de-mel
pela Europa.
Trocam afetos, momentos inesquecíveis de rara beleza.
Momentos de dois seres que se amam.
Momentos de mãe e filha; únicos na singeleza e
primeiros de uma série de tantos outros que
Certamente virão. (beijos na Lu)*

O Afeto

Eles chegaram. Todos ao mesmo tempo. Riam alto, gritavam, cantavam as melodias aprendidas na escolinha. Eram quatro crianças lindas e alvoroçadas a trocar palavras soltas, algumas ininteligíveis, mas sempre engraçadas.

A mulher abrandou o olhar e colocou um riso franco nos lábios. Abriu os braços para receber as crianças e as conduziu para o interior da casa. Era uma bagunça geral. Todas queriam falar e contar ao mesmo tempo "Vó , lá na escola a professora disse...". "Pera aí Luá, deixa eu falar primeiro". "Olha vó, a minha mãe pediu pra mim fazer a lição com você...". "Vó, eu posso pegar o danone na geladeira?" "Tatá, olha o cachorro! Uau!" "Que gritaria é essa aí crianças?"

A mulher já estava com os cabelos em pé. Quatro de uma só vez e todos pequenos, quase da mesma idade, não era nada fácil. Parecia até que ela perdera o jeito depois de criar cinco filhos; os pais das crianças, netos de Maria que vieram e vêm sempre para alegrar a casa, fazer zoeira e encher de orgulho o coração de mãe e avó que adora esse contato, mas que tem lá seus inconvenientes pelo barulhão que fazem.

A Criança

Na fragilidade de um bebê está toda a ternura do mundo e chega a doer nos nossos corações pelo receio que sentimos ao aconchegála em nossos braços. Do seio materno brota o leite, alimento que sacia a criança e, quando se realiza esse processo biológico, o coração da mãe chega a apertar-se de emoção e amor na imensa vontade de proteger o filho amado e lhe transmitir calor, de lhe dar algo mais do que uma simples carícia. Há flores de variados matizes e espécies. As crianças também são uma individualidade diferente na espécie humana, cada qual apresentando uma característica que a distingue de seus próprios irmãos de sangue e de seus progenitores. São os espíritos reencarnados que possuem sua própria personalidade e aos quais Deus dá a oportunidade de voltar para cumprir uma missão, dando-lhes também a fragilidade da infância que os aproxima e une aos seus pais, cuja proteção e amor o amparam na vida.

Conheci uma menina chamada Rosinha que, vagando por entre o espaço infinito, veio até mim e começou a analisar meus pensamentos. Ela sabia que eu era uma pesquisadora, no entanto ela também estava me pesquisando. Rosinha havia sofrido muito quando de sua última encarnação, vendo de perto as misérias humanas, e como criança desencarnou sem ter entendido muitas coisas que às crianças parece absurdo.

Quantas Rosinhas existem nas favelas, nas taperas à beira-mar, no Brasil, no mundo. Quantas pessoas poderiam ajudar essas crianças abandonadas que, se sobreviverem à fome e às doenças, marginalizar-se-ão tornando-se os criminosos de amanhã, internos que foram das instituições terrenas falidas. A revolta, a fome, os vícios carnais são hábitos freqüentes para esses seres que mereciam uma vida melhor. Rosinha trabalha para a evolução do seu espírito. Eu quero ajudá-la a livrar-se primeiro dos vícios terrenos e das palavras mal empregadas, mas na sua arrogância pueril ela manifesta uma vontade imensa de se elevar, praticando atos de bondade e espera por uma nova oportunidade para reencarnar-se. Rosinha brinca e ri na sua infantilidade. Dá o que tem em benefício dos que precisam. Ela é uma criança alegre e divertida, e nós precisamos de crianças alegres e peraltas também no céu para que os anjos se divirtam e amenizem seu tempo de lazer.

SEGUNDA PARTE

INICIAÇÃO

A Escalada

A morte de Mariquita foi o fato desencadeador de uma série de posteriores acontecimentos que despertaram Maria para a vida espiritual. A mãe era uma força interior muito grande na qual, mesmo longe fisicamente, Maria sentia o apoio constante. A bondade, o amor manifestados por sua mãe Mariquita supriam, de certa forma, qualquer outra necessidade de contato com o mundo espiritual. Por isso, quando ela se foi, essa ausência provocou em Maria uma intensa busca pelo desconhecido, na intenção de reencontrar o elo perdido.

Maria, após a enfermidade de sua filhinha, começou a se interessar pelo mundo dos espíritos e passou a ler os livros espíritas. Reunia seus filhos pequenos num cantinho, geralmente a sua cama, e lia trechos do Evangelho ou do Livro dos Espíritos para eles. Interpretava os trechos em voz alta e ela também ia decifrando os mistérios ao mesmo tempo.

Muitas noites passou fazendo esse ritual de leitura e interpretação. Continuava mesmo quando as crianças dormiam, pois, na verdade, ela estava estudando o assunto. Numa dessas noites, as crianças já dormiam, bateram à porta e Maria foi atender. Um menino, filho de uma vizinha, veio chamá-la para ir até a sua casa dizendo tratar-se de assunto urgente. Maria vestiu-se rapidamente e foi atender ao chamado de Antônia, a vizinha. Qual não foi sua surpresa, quando lá chegando encontrou uma Antônia totalmente desconhecida. Era uma mulher forte, alta, cabelos louros bem curtos, um falar tranqüilo; naquele momento, no entanto, ali estava uma mulher com a voz alterada, grossa, masculina, um olhar penetrante, parecendo ter o dobro da força comum. Porém, Maria não se assustou. Entrou, cumprimentou-a e a mulher olhando-a fixamente, disse: "Mandei chamá-la porque ao meu lado tem alguém que deseja vê-la e falar-lhe". Imediatamente, Antônia fechou os olhos, estremeceu e mais uma vez mudou de expressão. Agora estava meiga, calma, com o olhar doce e sereno e assim falou: "Maria, minha filha querida, que bom ver você aqui. Sempre estive ao seu lado desde que passei para o mundo espiritual e você sabe disto pelos sonhos que tem. Porém, é a primeira vez após um ano que me foi permitida essa comunicação direta. Venha, Maria, abrace sua mãe que muito a ama e sente saudades. Maria aproximou-se da médium, pegou suas mãos e beijou-as. Um calor intenso, como fogo vivo, invadiu-lhe o rosto e espalhou-se por todo seu corpo. Ela chorou e depois de conversar por meia hora com o espírito de Mariquita, não teve mais dúvidas da existência da vida após a morte. Conversaram coisas, intimidades que só as duas sabiam. Maria não sabia que Antônia, sua vizinha, era um canal de comunicação entres os dois mundos, físico e espiritual. A partir desse dia, Maria todas as noites tinha sonhos muito significativos (embora simbólicos) com a mãe. Ela sentia a verdadeira presença de Mariquita que vinha explicar-lhe o difícil caminho do retorno à espiritualidade depois da morte física. Diversas vezes Maria acordara chamando pelo nome da mãe, como se tivesse acabado de estar com ela. Era uma estranha sensação de presença física que só algum tempo após acordar ia passando. Posteriormente, ela viria a entender perfeitamente esse processo durante o sono, que na verdade era uma projeção do seu corpo espiritual para reencontrar com sua mãe tão amada.

    Desde então, Maria não parou mais suas pesquisas sobre o assunto. Começara a sua iniciação.

    Quando criança tivera, em diversas ocasiões, esse contato com o outro mundo, mas tudo parecia fantasia e, ao descobrir que era diferente das demais crianças suas amigas, ficara com muito medo e procurara esquecer as coisas que ouvia e via para não ser chamada de maluquinha. Ainda não era chegado o momento...

    Paralelos à vida diária na lide com as crianças, o trabalho, o lar, estavam os estudos, a busca. O empurrão já fora dado por Mariquita, era só continuar. E Maria continuou.

    Certo dia, juntou roupas, calçados, objetos que ninguém usava mais e levou até uma instituição de caridade próxima à sua casa e que ela ainda não conhecia. Lá chegando, entrou por um grande saguão e diante de uma enorme porta sentiu vontade de abri-la e entrar. Não era um comportamento adequado, já que não conhecia ninguém e nem fora convidada a isso, mas, num impulso irresistível, fez o que sentiu. No amplo salão havia uma enorme mesa forrada de branco com vasos e copos com água, livros e acima uma foto grande daquele a quem sempre amou incondicionalmente, Jesus.

Lyn era uma senhora bela, olhos azuis como os de Li, sua filha, cheia de entusiasmo e de um carisma que envolvia a todos que dela se aproximassem. Fundadora da instituição benemerente, apesar da idade, trabalhava freneticamente em benefício dos mais necessitados. Naquele dia, olhou Maria nos olhos e disse: "Oi, menina, venha cá ajudar-me com os livros", ela estava arrumando uma estante no grande salão. Maria ficou encantada, pois Lyn a tratava como uma filha a quem reencontrara após algum tempo de separação. Esse afeto, essa ligação era o início de uma série de futuros reencontros espirituais marcantes na vida de Maria. Trabalhou muitos anos com Lyn, fazendo de tudo um pouco e aprendendo. Era um trabalho voluntário e pontilhado de gratificações pela gratidão dos carentes, das crianças, daquelas pessoas que não tinham nada e que ali iam em busca do alimento do corpo e da alma. Quantas mensagens espirituais recebidas ao longo desses anos! Quantos ensinamentos!...

Um dia, a família precisou mudar de bairro, pois João, depois de muitos anos de trabalho, havia conseguido comprar uma casa. Por essa ocasião Maria também sofrera uma mudança interior. Ela não conseguia definir o que realmente estava acontecendo, sabia apenas que o tempo de mediunismo, doutrinação espiritual, já havia passado. Não que tivesse encontrado outro caminho, ou ignorasse todos esses anos de estudo e ensinamentos. Não. Algo em seu espírito concitava-a a ficar num compasso de espera, atenta ao próximo movimento. E foi o que fez, sem culpas, sem arrependimentos, apenas esvaziada de qualquer sentimento ou sentimentalismo. Simplesmente quieta. No trabalho, uma amiga chamada Íris, pessoa muito inteligente, de uma forte personalidade, convidou-a a comparecer em sua igreja para uma cerimônia. Educadamente, Maria aceitou o convite entrando em contato com a filosofia oriental. Leu toda a literatura existente daquela religião. Começou a descobrir logo um novo ciclo de conhecimentos e não perdeu tempo. Estudou, fez cursos, recebeu as autorizações da igreja, enfim, tornou-se uma adepta, mas bastante contestadora e curiosa, sempre observando, participando, aprendendo. Ficou pouco tempo, o suficiente para absorver os novos conhecimentos e aplicá-los. Percebeu que era um compromisso seu com o que chamou de sua fase búdica.

Num determinado tempo, Maria, que estava já ficando preocupada com essas suas inquietações e buscas interiores, sentou-se à frente de um quadro com a estampa do mestre fundador da seita daquela igreja e conversou com ele como se ele estivesse ali em matéria: "Mestre, sinto que cumpri aqui o meu dever, não é verdade? Qual será o próximo passo? Peço sua ajuda". O mestre parecia sorrir à Maria e ela ficou tranqüila. Saiu da igreja e na calçada encontrou-se com uma amiga que também era membro daquela igreja. Lina olhou-a prolongadamente como se quisesse dizer-lhe algo e Maria, atenta às mensagens, sugeriu: "Lina, conte-me o que sabe". Ao que a outra sorriu e respondeu: "Como você sabe que eu tenho algo a lhe dizer? Pois bem, há algum tempo quero realmente contar-lhe, mas ainda não tinha surgido a verdadeira oportunidade. Fiquei de repente tentada a fazer isso agora". Maria acertara na mosca, Lina acabou emprestando um livro cujo teor era moderno e até certo ponto desconhecido da maioria da humanidade, podendo até ser considerado revolucionário.

Nova iniciação, novos horizontes abrindo-se para Maria. Lendo o livro ela ficava animada com esses novos conhecimentos que lhe permitiam acessar a mente de Deus. Sim, isso mesmo. Acessar, um termo da informática que se coadunava bem com aquele conteúdo tão maravilhoso, tão atual e tão antigo ao mesmo tempo. Tradução de antigos textos em sânscrito, línguas mortas que traziam à luz ensinamentos milenares. Formaram um grupo de estudos, participaram de uma organização mundial que difundia esses ensinamentos e praticavam os decretos e apelos que eram repletos de uma força e de uma luz nunca sentidas antes. Foi o reencontro com os Mestres Ascensos e lá estava novamente, no centro dessa maravilhosa descoberta, ele, o mestre da era de peixes, o amado Jesus. Quanta alegria, quanto amor universal. Muita luz, muita força e coragem estavam sendo aquisições preciosas na vida de Maria. Bem, a família sempre ficava meio desconcertada com as constantes mudanças de Maria. Chegavam a brincar, perguntando qual seria a próxima religião. Ela entendia e aceitava com carinho essas observações, pois entendia que cada ser tem o seu próprio compasso e ritmo no tempo.

Ninguém consegue levar outrem ao grande encontro que é muito pessoal. Esse só acontece com a determinação e vontade do buscador. Algumas vezes ficava preocupada com todos, pois sempre queria ensinar os seus passos e nem sempre conseguia além daquela aceitação que era muito mais pelo amor que a ela dedicavam. Mais tarde compreenderia que semeara em terreno fértil e já poderia sentir a colheita bem próxima.

Uma Declaração de Amor

Olhos castanhos profundos abarrotados do sentimento maior de amor.
Mãos delicadas e fortes que trazem a cura de muitos males através do seu toque mágico.
Porte sutil e ao mesmo tempo forte num ser delicado e corajoso.
Apoio incondicional aos menos privilegiados por sua magia pessoal, sua fala mansa e serena, sua sabedoria oculta pelas vestes desta encarnação.
Humilde, sem vaidades, sempre vestida de branco.
Branca também é a sua alma.
Pode-se contar com ela sempre, pois está seguramente por perto oferecendo seu ombro amigo, sua coragem, seu amor a quem precisar.
Às vezes se sente frágil e quer um pai.
Pai que a ame, a pegue no colo e lhe dê carinho.
Mas o pai está sempre por perto e dá carinho sim, só que ela ainda não o vê, mas sente.
Sua mãe também teve um pai ausente, mas superou essa carência quando descobriu que o verdadeiro pai estava sempre com ela.
Amor de Pai-Mãe ela tem de sobra, pode até distribuir com os outros.
Protegida é pelos deuses.
Repleta pela magia divina e plena de poderes da cura.
A felicidade está dentro de seu coração ingênuo e puro.
O amor rege todos os seus passos.

Segure na mão de Deus e dê a sua para formar a grande mandala da evolução, da caminhada de volta aos braços do nosso único e amado Pai.
É livre e feliz, é a representação do poder... É Cris...

A Primeira Neta

No meio dessa caminhada, alguns episódios merecem destaque: o nascimento da primeira neta. Ainda muito jovem, Maria se viu envolvida na história de seu filho mais velho que engravidou a namorada. O rapaz não queria assumir a responsabilidade paterna, mas o senso de dever inato de Maria a levara a apoiar a moça que trazia no ventre uma criança. No dia do nascimento acompanhou-a junto à sua família até o hospital e sentiu a mesma ansiedade que os demais parentes com a expectativa da espera. A menina, Lilian, era linda e saudável, forte o suficiente para bater de frente com a vida. O rapaz acabou participando e aceitando a filhinha. Foi morar com a jovem e a criança. Maria foi uma avó feliz... Mas por pouco tempo. O que não começa certo termina rapidamente. E foi o que aconteceu.

Maria sofreu com o afastamento da menina. Mais tarde, aquela jovem tornou-se uma boa amiga de Maria e ofereceu-lhe o privilégio de estar, sempre que possível, em contato com a neta por ela abençoada e muito amada. A menina era linda, sempre alegre e brincalhona, muito inteligente. Maria inúmeras vezes fazia brincadeiras de adivinhações e ela sempre conseguia alcançar a resposta certa. Era muito esperta. Cresceu e hoje é uma bela moça, toca teclado e canta, habilidades adquiridas pela genética; seu avô materno é músico. Lilian perdeu a mãe aos quinze anos, mas devagar vai superando essa ausência tão dolorosa em sua jovem vida. Maria a ama profundamente.

Esforçava-se por ser uma boa mãe, mas sempre sentia que faltava algo, um carinho a mais com os filhos, uma atenção à educação deles. Só o tempo diria o que faltava. Lembranças da própria infância sempre serviram como uma boa desculpa para desobrigá-la de culpas, mas ela mantinha aquela infindável preocupação de não estar conseguindo o suficiente para as crianças. O ser humano é um universo de emoções que comandam sua atitude, caso se deixe guiar por elas sem um critério racional. Faltam, talvez, mais esclarecimentos, mais ajuda externa para que a caminhada prossiga sem tantos tropeços. Tropeço foi o que não faltou para Maria, que vem aprendendo a duras penas, por meio dessas iniciações quase sempre desagradáveis.

A fase mística da vida de Maria foi entremeada de acontecimentos que a levaram gradativamente ao autoconhecimento.

Havia em seu espírito de buscadora uma necessidade de contato com outras pessoas, o que a levava quase sempre a participar de grupos de estudos, rituais, vivências, workshop e a praticar terapias alternativas. Aprendia constantemente e dali retirava muito conteúdo para sua bagagem pessoal de aprendizagem, porém acabava se decepcionando com as pessoas e até mesmo consigo, pois não conseguia criar um vínculo mais efetivo. Sempre aconteciam alguns fatos que evidenciavam o ego pessoal de cada componente, descambando assim para a incompreensão geral e conseqüente abalo na estrutura social do grupo. Acontecia evidentemente o encerramento de mais uma etapa sem que ela, apesar do desgaste natural, conseguisse apreender a profundidade do estudo que faziam. Isso a chocava bastante, mas, mesmo assim, procurava uma justificativa para o término do trabalho e começava tudo de novo, em outro grupo, outro local.

Assim o tempo foi transcorrendo, aprendendo, ensinando, palestrando, vivenciando e logicamente somando experiências.

Uma das mais marcantes foi a sua viagem para o exterior para participar de um congresso. Jamais havia imaginado que pudesse acontecer, pois todos os fatos de sua vida indicavam a impossibilidade dessa realização. Ela já estava praticando há algum tempo o poder da palavra falada e assim apelava sempre a um mestre a fim de conseguir seu intento. Mudaram-se de residência e os filhos mais novos começaram a se rebelar contra o autoritarismo do pai desencadeando assim uma situação insustentável para todos em casa. Resultou disso uma separação abrupta entre pai e filhos, que, sem aceitarem esse domínio, resolveram sair de casa. Maria sofria mais uma vez um forte abalo emocional às vésperas de sua tão almejada viagem. Como um pilar de sustentação para os filhos aos quais ajudou a se instalar e reintegrar nessa nova vida independente, teve uma vez mais a certeza da ajuda divina em sua vida. Isso fortaleceu sua vontade de ir ao congresso e sem dúvida foi um fato desencadeador de sua decisão (o mestre atendia ao discípulo). Foi uma magnífica experiência, aprendera muito e conseguira rever sua sobrinha que morava num país estrangeiro há vários anos. Fora uma alegria só. Agradece até hoje e sempre a Deus e ao Mestre.

Ao Mestre com Sucesso

Olhos de um azul profundo cheios de uma suave energia
Olham para mim onde quer que eu vá com amor e
cuidado de pai,
Penetram os meus mais íntimos pensamentos dando-me
uma intensa sensação de proteção.
Sozinha, é só entrar no amor desse olhar
tão encantador,
Que as dúvidas, os medos, a solidão, tudo fica
esquecido, não existe.
Olhos turquesa, sigam meus passos onde quer que eu
vá, hoje e sempre.
Olhar do Mestre ao seu discípulo."
(um beijo de ternura no olhar de El Morya)

O Começo

Numa época remota, quando os seres que neste planeta viviam ainda eram puros de corpo e alma, podendo volitar suavemente por toda a esfera terrestre de acordo com sua vontade que era lei, Diana começou sua jornada, vinda de seu planeta de origem, como sacerdotisa. Vivia em plena harmonia com a natureza e seus elementos e tinha a missão de orientar os rituais sagrados de uma comunidade Atlante. Porte esguio, rosto afilado ornado por imensos olhos cor violeta e longos cabelos de um dourado brilhante que desciam ondulantes e leves até as pernas bem torneadas. A boca rosada mantinha um constante sorriso de alegria e amor que distribuía entre as pessoas com quem convivia. Era amada e respeitada por sua índole dócil e por seus conselhos, que doava a todos na intenção primeira de servir ao Criador. Estava sempre vestida com longas batas diáfanas nas cores dos sete raios.

As pessoas eram boas e alegres e todas participavam regularmente dos rituais de Adoração ao Pai com a melhor boa vontade, pois sabiam que isso lhes angariava as graças do Alto para o seu dia-a-dia nesse novo Planeta. Todos eram de alguma forma exilados de seus planetas de origem. Alguns por não terem correspondido à essência de vida ali reinante, outros em missão de ajuda e apoio aos que tiveram que viver na Atlântida, conhecida como um continente invadido pelas águas. Diana trazia consigo os conhecimentos milenares adquiridos em seu Planeta, sobre medicina natural, prolongamento da vida e da juventude, já que ainda não proliferavam as doenças hoje disseminadas pela desqualificação da consciência humana. A sabedoria e o poder Divino faziam parte de sua personalidade e nada se fazia sem uma prévia consulta à Sacerdotisa. Assim é que se desenvolveu também uma grande responsabilidade pelas vidas das pessoas e Diana procurava cumprir naturalmente a sua tarefa.

    Aquela era apenas uma parte do grande Continente Atlante e assim começaram a chegar de outras partes, outras cidades, pessoas a procura da cura, da harmonização e com elas chegaram também alguns seres interplanetários recentemente exilados de outras esferas, cujas intenções eram maléficas para o povo. Os portais do Planeta Terra ainda estavam abertos para todos e foi aproveitando-se desse fato que eles aqui aportaram para realizar experiências genéticas, pois em seus Planetas eles eram experientes cientistas, já possuíam o dom do discernimento e queriam aplicar seus conhecimentos científicos em seres humanos.

    Inadvertidamente Diana, embora soubesse tudo a respeito deles, nada fez para evitar sua atuação na esperança de que trouxessem algum benefício a mais para o povo. Foi o seu maior erro. Simultaneamente, as forças da natureza comandadas pelos Irmãos de Vida Maior resolveram dar um fim a essas atrocidades provocando a grande catástrofe que foi o Dilúvio.

    Nada sobrou sobre a incipiente Humanidade. O erro foi extirpado da Terra pelas águas.

    Muitos retornaram ao seu Planeta, pois já haviam cumprido sua missão. Diana teve um breve intervalo de tempo em Apha Centaurus para reconstituir suas forças, mas por livre opção voltou à Terra em reparação por sua negligência ainda que pueril.

A Cigana

Num acampamento cigano, Arnah expandia sua força e beleza, ajudando com seu trabalho na sobrevivência de todo o grupo. Lia a sorte das pessoas, dançava e era muito festiva e alegre. O que realmente atrapalhava toda essa manifestação de vitalidade da cigana era o marido. Eram ambos muito jovens, em torno de vinte a vinte e cinco anos, belos, morenos, olhos esverdeados, lindos dentes e um corpo esbelto e saudável. Tinham todos os requisitos para serem felizes juntos, mas Khevir era impetuoso e na força do sentimento pelo qual se deixava dominar, acabava maltratando a companheira. Depois pedia perdão e, como eram apaixonados, tudo se ajeitava.

O tempo passava célere, a vida no acampamento não era nada fácil, estavam sempre sujeitos às condições climáticas e muitas vezes tiveram que mudar-se por causa das tempestades, do frio que os castigava. O povo cigano oriental, no entanto, era bastante abnegado e não reclamava dos sacrifícios. Quando tinham bens, moedas, comida farta, dançavam, bebiam e riam, auxiliando-se mutuamente.

Arnah era muito amada por todos, mas sempre encontrava, fora do clã, um homem que lhe oferecia algo em troca de favores, mal sabendo que o código moral entre os ciganos é extremamente rigoroso. Seu jeito nômade, sua cabeleira negra e os lindos olhos tornavam-na fascinante e misteriosa aos olhos dos homens que queriam a todo custo conquistá-la. A época era a Idade Média, quando a força física e o poder eram o passaporte para as conquistas. Arnah sempre conseguia escapar ilesa das perseguições, mas precisava do dinheiro para sobreviver. Khevir, numa de suas crises de ciúmes, machucou-a muito e ela, não tolerando mais a situação, tendo por natureza um espírito libertário antes de mais nada, resolveu fugir do acampamento sem deixar pistas. O cigano, quase enlouquecido, procurou-a por toda a região campestre sem sucesso. Começou então a beber demais, a brigar demais, espírito bélico que era e assim foi que numa dessas brigas homéricas, esfaquearam-no no peito até que, esvaindo-se em sangue, nos últimos estertores da alma, chamou pelo nome daquela que sempre fora o amor de sua existência — Arnah.

Onde estaria naquele momento a cigana?

Quando, cansada de tanto cerceamento à sua liberdade, fugiu do acampamento, Arnah foi parar num local bem afastado, o que hoje poderíamos chamar de outro reino. Avistou de longe a torre de um castelo encravado na imensa colina verdejante, rodeado pela canalização do rio que rasgava a pradaria. Aquela era uma proteção bem conhecida e utilizada pelos proprietários que assim estavam assegurando-se contra ataques de malfeitores e inimigos.

Estava extenuada, rota, faminta, pois a provisão que levara consigo já havia se esgotado. Defronte ao canal, desmaiou exaurida em sua resistência e lá fora recolhida por serviçais do castelo que lhe deram guarida. Voltou a si já refeita, era uma mulher jovem e forte e logo fez amizade com os criados que a acolheram. Alimentou-se, contou sem muitos detalhes sua jornada e logo foi admitida como mais uma criada da casa.

Sabia fazer de tudo um pouco, mas sua especialidade eram os doces. Ela aprendera essa arte com sua tribo oriental e costumava vender os doces nas praças públicas. Não conhecia os donos do castelo, nobres, mas, por intercessão da cozinheira Laudhi, contrataram-na. Cantava muito enquanto trabalhava. Era a primeira vez que podia manifestar a sua vontade sem críticas e retaliações. Tinha uma bela voz. O canto cigano ecoava pelas dependências do castelo, enchendo de ondas de energia aquele lugar algumas vezes obscuro pela sua imensidão.

Num dia, quando estava no jardim colhendo rosas para fazer um arranjo que seria colocado na mesa central de refeições, cantando e movimentando delicadamente as mãos num ensaio da dança cigana, apareceu um homem: alto, cabelos longos e dourados, olhos de um azul turquesa profundos e boa compleição atlética, fazendo lembrar os gladiadores. Olharam-se nos olhos azuis e verdes e sentiram que eram um. Ele sorriu deixando antever dentes alvos e regulares e ela correspondeu de imediato. Perguntou-lhe quem era ela e Arnah contou tudo, como se a ele tivesse o dever de nada ocultar. Raman ouvira a história sem interrompê-la e contou em seguida a sua própria, sem reservas. Era o senhor do castelo, havia chegado naquele instante de mais uma batalha e... Que surpresa! Era casado com Lyan a senhora do castelo. Não tinham filhos, apesar de sete anos de união.

Entretidos em sua conversa não ouviram o leve farfalhar da folhagem indicando a presença de Lyan. Era uma jovem muito bela, loura, olhos azuis, faces rosadas e um sorriso de criança. Chegou e abraçou com grande amor a Raman que correspondeu já apresentando Arnah. Lyan sorriu e disse: "Ah, então é você a nova doceira da casa? Saiba, querido, que ela é uma perita, você vai adorar as guloseimas que ela faz". A cigana sorriu discretamente, agradeceu e pediu licença para entrar, já que havia muito trabalho a fazer. Ao afastar-se, voltou o olhar para trás e mais uma vez encontrou o azul do olhar que se fundiu ao verde do seu.

O que poderia ser o reencontro de almas gêmeas com uma responsabilidade de não ultrapassar os limites e assim vencer esta etapa, espiritualizando-se e evoluindo, tornou-se instantaneamente uma torrente irrefreável de paixão. O amor queria, exigia a concretização material das almas que já eram uma só e foi inevitável. Amavam-se no campo, nas alas do castelo, na floresta, em qualquer lugar onde surgisse a oportunidade para estarem juntos. Nesses momentos só existiam os dois. Esqueciam-se de Lyan e do resto do mundo...

Raman saíra para as lutas e Arnah, nesse meio tempo, aproximara-se muito de Lyan. Na verdade, tornaram-se inseparáveis amigas. Arnah percebeu o grande amor que ela sentia pelo esposo e a tristeza por não poder dar-lhe um herdeiro. Compreendia a situação, mas não queria abrir mão da parcela de felicidade que conseguira em sua vida, e quando Raman voltava, mesmo tendo prometido a si mesma afastar-se desse sentimento que consumia seu ser, não cumpria a promessa e tudo recomeçava com maior intensidade. Um dia, Raman não mais voltou e todos ficaram sabendo que ele fora ferido de morte nos campos de batalha. Lyan quase enlouquecera de dor e Arnah, com o coração em frangalhos, pôde assim mesmo perceber que sua capacidade de superação do sofrimento era grande. Dedicou-se integralmente ao socorro desse coraçãozinho frágil e sensível da amiga, compartilhando com ela a intensa dor. Seria também uma forma de resgatar seu pecado. Eram confidentes, irmãs e começaram um grande trabalho de amparo aos serviçais e pessoas do campo que vinham em busca de alimento, pois os tempos eram difíceis. As crianças, filhas dos criados, eram sua grande alegria, sua família. Eram os filhos que ambas não puderam ter. Trabalharam muito, leram muito, viveram muito. Um dia, Lyan chamou Arnah ao seu leito e apoiando sua cabeça no ombro da amiga soltou seu último suspiro, mansamente, evocando o nome do seu eterno amado, Raman.

Mais uma vez sozinha, Arnah, já bem velhinha, continuava sendo respeitada pelos criados, pois era considerada a segunda senhora e benfeitora de todos.

Estando sentada em sua cadeira de balanço, numa bela tarde de outono, Arnah olhou à sua frente e viu chegar Raman com uma rosa vermelha nas mãos. Oferecendo-a disse: "Vem, meu grande amor, há muito que a espero". Arnah sorriu, fechou os cansados olhos verdes e foi com Raman. Será que algum dia em algum tempo futuro Arnah voltaria a reencarnar-se com sua alma gêmea Raman?

A Dívida do Passado

O casal era muito jovem e se amava. Ele alto, espadaúdo, cabelos castanhos, olhos escuros e um sorriso sedutor. Ela, estatura mediana, longos cabelos louros, olhos esverdeados, bem magra e uma fisionomia levemente tristonha. Casaram-se num vilarejo do velho oeste americano, onde festejaram à moda country, com danças e comida à vontade. Apesar de jovem, Stuart era proprietário de um enorme rancho, cujo negócio era o gado de corte, que rendia bastante dinheiro, e assim poderia ser considerado rico. Joane era de família humilde, embora descendente de antigos colonizadores do novo continente. Com a guerra civil perderam seus bens e tiveram que ser empregados para sobreviver.

Eles se conheceram numa das festas de Green Village e, do amor manifestado, resultou o casamento. Stuart era bastante autoritário e exigente, pois estava acostumado ao mando. Em sua propriedade havia um sem-número de escravos e serviçais. Todos o temiam mais do que respeitavam.

Joane aos poucos começou a perceber a verdadeira personalidade do marido, mas como o amava muito, estava sempre disposta a perdoar, a relevar as violências do caráter bilioso de Stuart. Tiveram duas filhas, lindas crianças que eram o encanto de Joane. Brincavam muito com a mãe e todos os dias as três andavam a cavalo. Era algo que aliviava o espírito da jovem esposa. Entretanto Stuart continuava violento, briguento, bebendo muito, o que constantemente o levava ao total descontrole de suas ações. Joane já havia sido agredida várias vezes pelo esposo, mas evitava tornar público o ato, por vergonha e medo de represálias. Quantas vezes chegaram aos seus ouvidos as histórias de que Stuart, abusando de sua autoridade, violentara escravas jovens e indefesas. Ela ficava indignada, mas temia interceder, porque sabia que iria reverter para si a ira do desalmado.

Um dia, quando estava na estrebaria selando seu cavalo para andar pelo campo como sempre fazia, o que a tornava menos infeliz, dela se aproximou timidamente uma jovem escrava grávida. Joane olhou-a e a moça ajoelhou-se a seus pés segurando-os e implorando para que ela pedisse ao marido que não a forçasse a tirar o bebê do seu ventre. Joane ficou abismada refletindo até onde chegara a insanidade e irresponsabilidade do marido. Levantou a jovem escrava do chão, que em convulso pranto implorava, e assumiu dizer para Stuart a respeito do que ouvira. Deu meia volta e adentrou a imensa varanda de sua casa onde, numa rede estendida, estava Stuart repousando de sua noitada, ébrio como sempre. Procurando manter a calma, ensaiou um diálogo com o marido que fingia ouvi-la, não sem antes repreendê-la dizendo para não acreditar em escravos com suas mentiras. Disse que procuraria saber o que acontecera com aquela retardada para que ela dissesse essas coisas assim e Joane mais do que acreditando, temia uma reação violenta do marido. Não ficou sabendo qual a providência havia sido tomada, só muito tempo depois ouvira da cozinheira que a escrava fora espancada e acabara perdendo o filhinho por não resistir aos maus-tratos. Ficou desolada e agravou-se em seu rosto aquele eterno ar de tristeza. Não conseguia entender a insensibilidade de Stuart.

Foram avisados da chegada de Robert, amigo de Stuart, que sendo bem mais velho sempre procurara exercer uma boa influência sobre o amigo que sabia ser intratável. Há muitos anos não se viam, pois Robert fora viver no leste e por lá fizera sua vida, advogado de fama se tornara. Continuava solteiro por opção e ficou sabendo do casamento do amigo, mas por falta de oportunidade não comparecera ao evento. Após tantos anos resolvera reatar a velha amizade e aproveitando seu tempo de férias foi visitar Stuart, cujo contato só não perdera por ter conseguido pelos pais saber onde morava o amigo.

Stuart ficou feliz e até pareceu um tanto gentil com todos, inclusive com Joane. Tinha-se a impressão de que a presença de Robert havia revertido a situação insustentável no ambiente, pelo menos por algum tempo. Joane respirava aliviada da pressão que se afrouxava toda vez que Robert se encontrava por perto. Ele começou a vir com mais freqüência ao rancho e essa influência positiva exercida sobre o comportamento de Stuart beneficiava a todos. Porém, o destino, com sua malha insondável, havia traçado sua história envolvendo num movimento de paixão o coração de Robert, que não via o momento de transbordar todo esse sentimento para Joane. Sabia que era uma insanidade, que o amigo não o perdoaria jamais e até desconhecia o sentimento de Joane para consigo, mas nada disso o fazia desistir de pelo menos tentar.

Certo dia, quando voltavam de uma cavalgada, Robert aproveitando-se do fato de estar a sós com Joane no estábulo, num ímpeto confessou-lhe seu amor. A jovem mulher olhou para Robert de uma maneira diferente, como se o tivesse descoberto naquele instante e movida por um sentimento desconhecido, misto de carência com um grande afeto, abraçou-se a ele como a uma tábua de salvação.

Stuart continuava irascível como sempre fora com todos e Joane era para ele uma espécie de objeto de descarga de suas inúmeras incongruências. Conseqüentemente a maltratava com insultos, brigas constantes e agressões físicas e morais.

Cansada de toda aquela situação, sentindo que era, de certa forma, irreversível, pois não via nenhuma alternativa de mudança no comportamento do marido, começou a ficar cada dia mais distante, aérea, chegando a adoecer. A cada dia via-se mais e mais ameaçada e intranqüila. As duas filhas eram pequenas e Joane temia por sua integridade e a das crianças. Robert havia observado tudo isso, embora o amigo tentasse disfarçar toda vez que ele aparecia. Um dia propôs a Joane fugirem com as crianças para o leste. Ela hesitou em tomar essa decisão, pois sabia quanto ameaçador o marido poderia se tornar, caso descobrisse, até que resolveu seguir sua sensibilidade e fugir daquela situação, daquele inferno que tinha se transformado sua vida familiar. Foi embora com Robert e as filhas.

Eram felizes, uma verdadeira família.

Até que um dia, Stuart, que não se conformara com o acontecido, mais por vingança do que por qualquer outro sentimento, apareceu repentinamente diante dos dois fugitivos e sem dó, nem piedade, movido por tremendo rancor, atirou...

Vários estampidos soaram naquela tarde cinzenta, lançando ao chão as duas pessoas que o atraiçoaram. Tudo acabado. Pelo menos por enquanto...

Stuart, como poderoso proprietário de terras que era, não fora punido pelo crime que cometera. Usando de sua influência junto aos juízes, apenas pagou uma fiança por danos públicos e assim resolvera de uma vez a questão que para ele era ponto de honra. O seu defensor no tribunal daquela cidade litorânea americana usara como argumento "legítima defesa da honra" e ponto final. Aproveitando o tempo que dispensara para ir até o extremo de sua propriedade que era o leste, esquecendo-se imediatamente do que provocara, apanhou as filhas, que por estranha coincidência estavam no momento fatal na residência de Maira, uma linda e generosa moça, amiga de Joane desde que ali chegara para recomeçar a vida. Maira era muito meiga e gentil e não conseguia compreender o que sucedera. Stuart, já encantado pela beleza da moça, inventara uma história de agressão por parte de Robert, ao que fora obrigado a se defender ocorrendo então a tragédia, pois, segundo ele, Joane entrara na frente da arma para tentar defender o "amante" e acabara recebendo o balaço. O que não ficara claro na cabeça de Maira é o fato de Stuart ter disparado um segundo tiro em Robert, pois não fora comprovado o porte de nenhuma arma na mão da vítima. Defendendo-se perante a moça da melhor forma possível, ainda fez-se de vítima para conquistar-lhe a compaixão, como se fosse um sofredor, um abandonado. Maira, que também se via envolvida pelo encantamento de Stuart, passou a dispensar-lhe uma atenção diferente, cuidando para que ele não ficasse tão traumatizado com o acontecido, embora estivesse também ela sofrendo muito a perda da amiga a quem aprendera a admirar e por que não dizer a amar, pois algo que não conseguira definir as unia, parecendo já se conhecerem há longos anos.

Começaram a sair juntos para piqueniques, sempre levando as duas meninas as quais explicaram sutilmente, como se fora um acidente, a morte da mãe. Elas amavam muito a Maira e não foi difícil adaptarem-se à nova situação, mesmo porque começavam a ver o pai sob um novo ângulo. Mais sorridente e cavalheiro, trazendo flores para Maira e brinquedos para elas. Daí foi um passo para o novo enlace entre Stuart e Maira, voltando ambos e as crianças para a fazenda no oeste.

No início tudo estava bem, as crianças adoraram voltar àquela vida natural, andar a cavalo, sentar-se à volta da grande mesa da imensa cozinha, onde as cozinheiras faziam quitutes que todas as crianças adoram. Eram doces de todas as espécies, guloseimas, biscoitinhos, balas e muito mais. As escravas da casa eram bondosas e gostavam de agradar aos patrões e viam novas perspectivas com a chegada da senhora que logo adivinharam ser uma pessoa bondosa. Nem cogitaram do que acontecera com a outra, mesmo porque as notícias não chegaram até eles. Somente uma escrava, aquela do triste olhar que perdera seu filhinho ainda no ventre, notara e sentira a falta da antiga senhora, pois ela conhecia muito bem o gênio do senhor e sabia que mais cedo ou mais tarde ele voltaria a se manifestar da forma violenta, que sempre fora de seu caráter.

Hanna, assim se chamava a escrava, vivera momentos de intensa dor desde que perdera o filho. Acuada em seus movimentos pela propriedade por ordem do patrão que temia sua reação diante das maldades por ele praticadas. Ela alimentava sim um ódio extremo por aquele homem que lhe tirara o dom mais precioso que um ser pode ter em sua vida, o filho. E como se isso não bastasse ainda tinha o desplante de querer com ela manter relações por mero prazer carnal. Isso ela não quis admitir e ameaçou-o de morte se por acaso ele voltasse a tentar acossá-la pelos campos como sempre fazia, longe dos olhares dos outros da fazenda. Stuart, mais por covardia do que por medo da escrava, apesar de sentir por ela uma irresistível atração, resolvera parar com o assédio, pelo menos por enquanto. Porém, o olhar de mágoa, de rancor da escrava eram o seu castigo. Assim como Hanna, havia outras escravas, que pelo ar sedutor, corpo jovem e rijo, atraíam o dono. Elas não passaram imunes pela difícil prova de serem submissas ao senhor. Foram todas violadas naquilo que tinham de mais sagrado em si, a honra. Stuart assim angariava a cada dia, para si, mais ódio, desejo de vingança e maldições de todos a quem de alguma forma magoava irresponsavelmente.

Maira de nada sabia e vivia contente cumprindo aquilo que assumiu como verdadeira missão: cuidar das meninas de Joane. As meninas, Christine e Lucy, adoravam Maira como se fora sua outra mamãe. Elas ainda eram muito pequeninas e fora fácil a adaptação ao novo modo de vida. Brincavam muito durante o dia e dormiam cedo. Maira era boa e enérgica quando precisava. Elas a obedeciam quando lhes ordenava estudar, organizar-se com seus brinquedos e respeitar as ordens da casa. Chris era um pouco mais impetuosa, de um gênio um tanto rebelde e gostava de andar a cavalo, nadar e diversões mais fortes, o que a fazia assemelhar-se um pouco mais ao pai. Lu, era mais tranqüila, dengosa embora de um gênio também forte. Só o tempo diria o que seria do destino dessas duas crianças, filhas de uma mulher pacífica que muito sofreu e de um pai com ímpetos tão violentos e desrespeitador das leis divinas.

Não demorou nem um ano para que Maira descobrisse o verdadeiro caráter de Stuart, mas ela, diferentemente de Joane, não esperou para ver acontecer uma nova tragédia, foi embora levando as duas meninas para destino por todos ignorado. Logicamente planejou com alguma antecedência o que iria fazer e quando aconteceu estava já prevenida, com um bom pé-de-meia para prover as necessidades de todas por bastante tempo até que encontrasse outra forma de subsistência familiar. Parecia que Joane, de onde estivesse, ajudava na solução daquilo que sempre fora para ela mesma um grande problema: deixar a casa com as filhas e ao mesmo tempo sustentá-las. Maira parecia ser mais forte em decisões e isso era o quanto bastava naquele momento. Joane sorrira satisfeita pois sabia que a moça daria conta do recado. Afinal, não era o que pedira sempre a Deus? Filhos. Desde outras eras, quando estiveram juntas, cuidando das crianças dos outros, sem que nenhuma das duas tivesse tido o privilégio da maternidade, apelaram ao Pai pelo divino dom. Dessa vez, Joane conseguira tê-los: Chris e Lucy eram a realização do imenso desejo. Maira ainda não, mas teria que cuidar das duas meninas como se fossem suas. Era a mesma coisa, pensando bem. Pelo menos o amor era muito grande entre elas. Vamos lá saber dos desígnios do Pai!

Acordara de um sono forçado, como se tivesse ingerido alguma droga que a tivesse adormecido sem sua vontade. Olhou ao redor e ficou espantada mas ao mesmo tempo feliz. Semíramis estava novamente ao seu lado dispensando-lhe como sempre o afeto, dando-lhe o ombro para apoiá-la. Chorou um pouco de saudade das filhas e de alívio; afinal, findara seu tempo de sofrimento. Joane estava mais tranqüila agora.

Depois... Outro caso, outra vida. As crianças foram levadas pelo pai que se unira a uma jovem bela e bondosa. Maira amou as crianças e delas cuidou até crescerem.

Em outra época, com outra roupagem carnal, todos deveriam se encontrar novamente, pois a lei cármica assim o exigiria para o cumprimento de uma nova missão.

A Menina

Ela veio ao mundo, para minha grande alegria e emoção, numa madrugada chuvosa de setembro. Veio mansamente para o aconchego dos meus braços com seus meigos e doces olhos azuis. Não sei por que, mas parece que eu já a havia visto antes, num tempo longínquo. Bem nascida, protegida pelas crianças maravilhosas, Cosme e Damião.

Vai fazer oito anos, é inteligente, voluntariosa, amorosa e intuitivamente espiritual. Há ocasiões, quando estou doente por exemplo, em que ela manifesta por mim todo seu amor, tentando me proteger.

Minha filha é linda, bem dotada interiormente e feliz. Deus a proteja e a abençoe, fazendo dela um ser humano real e vivificada na sua pureza para servir a Ele sempre. Quando olho a Li, pressinto que desta vez ela verá realizado o seu maior desejo de outras vidas, qual seja, ter filhos. Isso porque eu realizei o meu próprio e ela terá essa mesma oportunidade pelo amor que a mim, sua mãe nesta encarnação, dispensa. E o amor é a mola mestra que desencadeia a realização dos nossos anseios.

De Volta ao Lar

Num imenso salão iluminado, móveis antigos, o ar doce e perfumado, Serena sentada ao piano reproduzia pelo ambiente divinos acordes que significavam a plenitude de sua alma. Era tão feliz ali com a mãe adorada — Semíramis. A mãe era um ser iluminado, que transmitia uma paz ilimitada a todos que dela se aproximassem. Amavam-se muito, mãe e filha, e tudo estava sob a égide da perfeição até aquele momento. Serena às vezes deixava o piano e rodopiava pelo salão, numa alegria infantil, como se tivesse encontrado o paraíso dentro de si, tal a felicidade e o amor que sentia.

A mãe chamou-a dizendo-lhe: "Filha, olhe pela janela, ele está chegando. Venha até a porta para recebê-lo". Serena imediatamente sentiu um aperto no coração e, olhando pela janela, implorou: "Mãe, não me deixe ir. Tenho medo. Ele vai me matar outra vez". Semíramis apaziguou-a: "Não filha, isso não acontecerá mais. Você está ainda com lembranças do passado, mas não pode deixar de cumprir sua missão. Um dia deverá retornar ao seio de sua verdadeira família, mas antes terá que fazer isso. Vá". Assim dizendo, conduziu-a suavemente pelo braço até a porta de entrada do casarão, cujo chão espelhado deixava entrever a grande preocupação de Serena. A moça aconchegou-se aos braços de sua mãe e sentiu-lhe o calor e o conforto do seu carinho, tornando-se forte e acreditando no que ela prenunciava para seu futuro.

Saiu pela porta principal e imediatamente duas meninas entre os quatro e cinco anos vieram correndo abraçá-la gritando: "Mamãe, mamãe, vem conosco! O papai veio nos buscar e vai tomar conta da gente". Serena, comovida, em prantos, agarrou-se àquelas duas criaturinhas tão lindas e acreditou que tudo iria ser diferente. Sentiu em seus ombros as mãos fortes de Karan, que soerguendo-a olhou em seus olhos transmitindo-lhe segurança e amor. Ergueu as crianças nos braços, dizendo: "Não farei mais nenhum mal àquela a quem amo mais que a mim mesmo, prometo". Serena sorriu, ficou tranqüila e foi com a família terrena cumprir mais uma etapa de seu movimento evolucionário.

A Princesinha

Tempos de guerra. O inferno vinha dos céus, do mar, da terra em forma de bombas, explosões, granadas. Morriam seres inocentes que nunca haviam imaginado sofrer tanto. Era a guerra.

No imenso casarão que mais se assemelhava a um castelo medieval por suas formas pontiagudas e rígidas de construção, vivera até aquele dia uma família feliz. O pai, embaixador do Japão em outro país nórdico, após o cumprimento de sua missão, decidira voltar ao velho lar tão amado onde nascera toda sua família, avós, pais e irmãos. Cada um tomara seu rumo na vida e ele ficara com a responsabilidade do castelo. Casara-se, constituíra família, mulher e dois filhos, um menino e uma menina que ali nasceram também. Passaram pouco tempo na Europa por força de seu trabalho como embaixador, mas assim que surgiu a primeira oportunidade de voltar, não perdeu tempo. A esposa, miúda, formosa e gentil, era a típica japonesa, tão delicada e amorosa com o esposo e os filhinhos a quem adorava e ensinava as melhores tradições do seu povo. Brincavam tanto as crianças por aqueles imensos jardins cheios de flores variadas e os criados adoravam cuidar de tudo na casa, especialmente desse maravilhoso espaço que era o orquidário. Belíssimas orquídeas eram ali desenvolvidas a partir de enxertos, tornando o local um verdadeiro paraíso de cores e perfumes. O casal gostava de cuidar pessoalmente das plantas, parecia até que faziam parte integrante da família, tal o apreço a ela dedicado. Eram muito tranqüilos e suaves, caracterizando bem a forma oriental dos seus antepassados.

Essa era a família de Thayna, com a qual convivera em perfeita harmonia até os oito anos de idade.

O país fora tomado pela loucura da guerra. Seus dirigentes não mediam mais as conseqüências desse ato na vida cotidiana de seus conterrâneos. Tudo pelo poder, pela ganância disfarçados de defesa da honra do país. Os jovens japoneses partiam diariamente para os campos de batalha e a maioria não voltava ao lar. A família chorava a perda de seu filho amado. Os lamentos, choros, a angústia nos corações das mães eram uma constante naquele momento na vida daquele povo do oriente.

Tudo acontecera muito rapidamente, mal dando tempo de entender o que fazer. Cinco homens, vestidos com ternos escuros e óculos, todos orientais, parecendo serem agentes das forças armadas em missão, chegaram na casa com fisionomias alteradas, sem falar muito foram levando a família, pai, mãe e o filho menor de quatro anos e meio para um automóvel estacionado em frente ao jardim. Logo atrás havia outro veículo aguardando com o motorista a postos. Thayna estava no seu esconderijo secreto embaixo de uma touceira de samambaias onde sempre brincava de esconder com o irmão. Quando viu que ele não vinha nunca procurá-la saiu correndo para a casa e viu que seus pais e o irmão estavam entrando naquele momento no carro preto e mesmo que ela corresse muito não os alcançaria. Quis gritar mas perdera o fôlego pela rápida corrida. Sorte sua! Será? O carro explodiu com seus amados lá dentro...

Deslizou até o chão, enfiou a cabeça entre as pernas e começou a gemer baixinho, como se uma dor muito forte a acometesse naquele instante. Dor que não tinha cura. Dor de uma criança sozinha, abandonada, sem saber o que fazer nem para onde ir. Ainda viu os homens entrando correndo no outro carro dando partida como um furacão, deixando no ar os rastros e cheiro da fumaça do incêndio. Conseguiu levantar-se só muito tempo depois, já quase noite quando se dirigiu para a casa vagarosamente. Antes de entrar ouviu ruídos lá dentro e olhou pelo vitrô. Viu os empregados sendo levados por policiais e a casa toda invadida por aquele mutirão de gente da polícia do exército. Ficou apavorada. Desejou ter morrido com os pais e o irmão, mas infelizmente ali estava ela, sem família, sem teto e com um medo alucinante a lhe correr pelas veias como um veneno mortal. Decidiu. Não entraria na casa mesmo. Saiu perambulando pelas ruas, tarde da noite, com frio e fome. Batia os dentes num tremor misto de medo e frio. O frio da morte. Depois de muito tempo, já bem longe da casa, numa viela suja encostou-se num latão para cobrir-se do vento ardido e sentiu no corpo um torpor, desmaiando em seguida. Quando voltou a si estava numa cama, agasalhada, não sentindo mais frio, só fome. O local era esquisito, misto de sala e cozinha e ali no canto aquela cama de solteiro, colchão duro apesar de ser bem melhor do que havia enfrentado um tempo atrás, na rua. Ouviu um barulho de pessoas falando, levantou-se e esgueirando-se pelos cantos chegou até uma porta grande que ao abrir dava para um bar. No balcão, um homem baixo, atarracado, meio calvo, de meia idade, a cara lustrosa e dentes que apareciam num riso amarelado. Ele notou a presença da menina e foi chegando e segurando-a no braço dizendo: "Minha filha, achei você quase morta naquela viela. E foi por acaso, hem? Eu estava indo para fazer compras para o bar, quando apanhei você do chão quase morta de frio. Trouxe pra cá. Como é? Está gostando?". Disse, rindo de uma maneira desagradável, meio viscosa para a menina que se sentiu mal. Quase desmaiou. Thayna era uma nobre. Não estava acostumada àquele jeito vulgar de falar do homem que se disse chamar Kanaro. Mas era educada e percebeu, apesar da pouca idade, que fora acolhida por ele e nem tinha mais para onde ir, portanto nada reclamou. Ficou muito calada a ponto de Kanaro perguntar se ela era muda.

 Começava ali uma nova fase na vida de Thayna. Sem família, cheia de medo, vivendo numa cidade ferida pela guerra, tendo sobrevivido da chacina onde vira o fim dos seus, não esperava mesmo nada da vida. Somados a esses motivos havia um terrível trauma causado pelos fatos tão tragicamente vivenciados para uma menina de oito anos, que até aquele momento era criada como uma princesinha. Tudo mudara radicalmente. Kanaro não fazia nada de graça, por isso começou com o trabalho escravo que impunha à menina. Por não estar acostumada, inúmeras vezes falhava no atendimento aos clientes, o que lhe rendia uma boa dose de repreensão e algumas vezes até uma boa surra. Ela chorava muito e angustiada pensava na morte.

 Mal sabia Thayna que era apenas o começo de seu sofrimento e humilhação. O pior ainda estava por vir. Kanaro, quando a menina estava por volta dos dez anos, começou a perceber os traços finos, o corpo que se delineava sutil em formas arrendondas e belas. Os negros cabelos insistiam em manter o brilho e a maciez da pele de pantera negra. A menina era linda e se tornava rapidamente uma mulher. Ele não perdeu tempo. Numa tarde de verão chamou Thayna para acompanhá-lo a um passeio no bosque de cerejeiras, tão comum e tão belo no oriente. A menina, sempre obediente e com medo de apanhar, seguiu-o como sempre fazia. Só que dessa vez, o homem tinha um asqueroso plano em mente, não revelado. Levando-a a um lugar ermo, forçou-a a manter com ele relação sexual. A menina, apavorada, ainda tentou gritar, mas tudo inútil. Kanaro sabia muito bem o que estava fazendo. Não teve o menor pudor de agredir Thayna. Para aquele homem o que contava eram o prazer animal e a esperteza para obter vantagens e lucros do que viria depois. E o que veio depois foi terrível para Thayna. Subjugada, sem forças, sem perspectivas, viu-se forçada por Kanaro a se prostituir com todos os clientes por ele arrebanhados dando lucro a seu algoz, que dela se utilizava para meios escusos e inescrupulosos. O que a menina sofria com essa vida não se pode descrever em palavras. Algumas vezes tentou fugir, mas Kanaro contava com isso também e armou um cerco em torno dela, que não possuía a esperteza da velha raposa.

O bar ia muito bem, Kanaro com seu aspecto repugnante, um riso de máscara na cara, se vangloriava do sucesso de sua protegida, segundo ele. Thayna parecia um robô. Rosto pálido, olheiras de tanto chorar e uma fisionomia de quem não estava mais neste mundo. E assim foi vivendo, acostumando-se à situação, chegando até a praticar uns dois abortos com ervas fortes. Não tinha amigos ou amigas. Na verdade não conhecia ninguém naquela região inóspita, um bairro pobre de Kyoto. A vida sem sentido trouxe-lhe como conseqüência a doença e finalmente aos vinte e três anos de idade foi levada para sua verdadeira vida e família. Acabava-se uma vida de sofrimento e de carma para aquela que em outra vida havia abandonado pela metade a missão que lhe fora confiada, qual seja: ajudar no crescimento espiritual de seu companheiro de jornada. Ela não havia suportado e o deixara, gerando em sua alma um ódio violento e um desejo de vingança, muito embora em seu íntimo o que falava mais alto era ainda o sentimento do amor. Ele Khevir, ela Arnah, a cigana!

O Sacerdote

O dia primaveril convidava a um descanso à sombra dos arbustos que circundavam o pequeno regato de águas cristalinas. Via-se nitidamente através da água as formações de pedras no leito do riacho onde o sol, ao espargir sua luz, colocava reflexos das mais variadas nuanças, fazendo este parecer um grande espelho de pedras preciosas. O ar ameno da tarde completava aquela paisagem maravilhosa, tornando aquele local um espaço sagrado. Dmitri, porte atlético e um belo rosto ornado por profundos olhos azul-violeta, andava pela margem olhando-se de vez em quando no espelho das águas e sorrindo satisfeito com a própria aparência. Poderia ser tudo tão perfeito não fosse aquela obrigação a qual se impusera ainda tão jovem: ser um sacerdote da ordem dos capuchinhos. Naquele momento, no entanto, jogara para trás o capuz que fazia parte de sua vestimenta, abrira levemente a gola deixando antever os pelos dourados de seu peito e levantara até os joelhos a longa bata de onde surgiam rígidas pernas cobertas pelos mesmos pelos dourados do peito e da barba rala que lhe enfeitava o queixo. Estava em torno dos vinte e oito anos e até aquele momento só conhecera a vida monástica, fruto de uma escolha da juventude, por se tratar de um jovem sem posses econômicas cuja família não conhecera. Órfão, crescera até a idade de quinze anos num convento de freis capuchinhos, onde lhe fora ensinado todo um conteúdo religioso cheio de tabus e proibições.

Não chegara a sentir falta de nada a não ser de um afeto feminino de mãe a quem não conhecera. Era um rapaz ingênuo e pouco sabia da vida além daquilo que limitadamente lhe ensinavam no convento. Um dia, quando com os seus dezoito anos completados, o superior do convento perguntou-lhe se queria continuar ali e se assim fosse deveria se preparar para a ordenação sacerdotal, o que implicava uma série de regras e doutrinas a serem estudadas e aceitas "livremente". Dmitri realmente não tinha outra escolha. Aprendera, além de ler e escrever, algumas habilidades manuais como marcenaria e jardinagem. Aliás, era uma coisa que ele adorava: lidar com as plantas, cuidar, fazer arranjos que colocavam na igreja. Assim foi que ele resolveu seguir a vida monástica.

Tudo seria perfeito se a sua juventude e beleza aliadas a grande ingenuidade não o tivessem, uma vez mais, traído. Era norma do convento enviar uma ou duas vezes por mês um dos freis para a cidade que distava alguns quilômetros, para fazer as compras dos suprimentos necessários à manutenção geral da confraria. Gêneros alimentícios, aqueles que não podiam plantar, cobertas, material de limpeza, papéis, canetas e tinteiros para a escrita e algumas mesinhas (remédios da época). Os frades quase sempre conseguiam a sua própria manutenção, pois muitas coisas eles mesmos fabricavam, mas assim mesmo precisavam de coisas que não tinham no convento. Dmitri, um dos mais jovens, fora uma ou duas vezes com frei Lorca às compras, e assim acostumou-se com a tarefa. Logo depois começou a ir sozinho ao povoado. A primeira vez sentiu-se bastante estranho, pois o povo o olhava, mesmo sabendo tratar-se de um frei, todo coberto com o capuz, eles sentiam curiosidade de ver-lhe o rosto que nunca mostrava; foi se acostumando com as pessoas e vice-versa, até que não mais olhavam. Essa liberdade momentânea era algo completamente diferente para Dmitri, que vivia em regime de internato. Andar pelas ruas, olhar, mesmo que discretamente, as pessoas, os usos, as roupas exuberantes de algumas mulheres, o sorriso aberto de homens e mulheres camponeses acostumados a danças e festas. Algo estava acontecendo em seu coração e ele não conseguia explicar.

Resolvera voltar por outro caminho, andava por ruelas obscuras, cujo cheiro forte de perfume emanava pelas frestas das portas das casas de prostituição. Aquela era uma rua proibida para pessoas decentes da época. Dmitri nunca havia experimentado aquele tipo de sentimento que insistia em brotar em seu pensamento. Era a força da juventude, do sexo ainda inexplorado que o fazia sentir calores e calafrios ao mesmo tempo quando sentia aquele cheiro ou via de relance aquelas mulheres. Até que um dia inevitavelmente cruzou o seu caminho uma linda jovem aparentando uns quinze anos, loura, belos olhos, boca sensual e sorriso aberto. Dmitri não conhecia o sentimento que estava experienciando, só sabia que queria sentir, queria ir em frente mesmo sem saber ao certo o que fazer. Quanto a isso não haveria preocupação, pois a jovem era uma iniciada no sexo, embora ainda muito jovem. Tivera uma infância irregular, filha de prostituta que era, não conhecia outra vida que não aquela em que vivia os excessos e desregramentos da moral. Envolveram-se fortemente e Dmitri começou a ausentar-se cada vez mais do convento às escondidas para encontrar-se com Catherine, esse era o nome da moça. Viveram os mais intensos momentos de prazer e as vicissitudes da paixão. Não era amor. Não havia um respeito mútuo, uma conversa, praticamente não se conheciam no imo de sua alma, mas algo perturbador acontecia sempre que se encontravam. Essa situação durou até que os frades do convento descobriram por que Dmitri tinha tanto interesse em sair para as compras.

Veio a proibição e quase a expulsão do frei corrupto. Dmitri não discutiu as ordens recebidas e não voltou a ver Catherine. A partir daquele dia sua vida foi se tornando cada vez mais monótona, quebrada apenas pelo amor às plantas, às flores que cuidava com desvelo. A idade foi chegando devagar e junto com ela a tristeza e o pensamento de que nesta vida não tivera o direito de amar, nem conseguira encontrar-se com sua alma gêmea. Quanto tempo ainda teria que ficar na solidão?

Foi para a beira do regato e como das primeiras vezes, ainda quando possuía a ingenuidade de uma criança, abriu a gola da bata, levantando-a até o joelhos, que já não eram jovens nem ágeis, e cujos pêlos estavam brancos como a neve, retirou o capuz e olhou para a imensidão do céu que refletia seu azul nas pedras do rio e em seus olhos também azuis já embaçados. Sorriu, pediu perdão, perdoou-se e foi embora. Não sabia se fora bom ou não ter sido um homem, um sacerdote.

O Retorno

Alguns excertos retrospectivos far-se-ão necessários, pois aqui não se trata simplesmente de uma seqüência a ser seguida, mas lembranças e orientações que devem fazer parte da história de vida das personagens.

Ele, Juanito, foi sempre muito afetivo, alegre, cheio de vida. Desde a mais tenra idade, sua face mantinha estampado um eterno sorriso, cujo olhar verde-mar acompanhava. Calmo, amorável, esperava tranqüilo o que fosse destinado, fosse o alimento, o banho, a brincadeira, ou até mesmo a repreensão por alguma arte. Segundo filho de Maria, foi sempre influenciado pelo mais velho, que inúmeras vezes abusava de sua ingenuidade colocando-lhe a culpa dos maus-feitos. Maria sabia disso e evitava zangar-se. Criança saudável, bem desenvolvido fisicamente para sua idade, os mais velhos de seu tamanho sempre tentavam fazê-lo de bobo. Juanito cresceu assim, forte fisicamente sem se dar conta disso e muito emotivo. Maria tinha nesse filho seu grande auxiliar. Ele a ajudou muito com as meninas que nasceram depois.

Tudo que Juanito fazia era impulsivo, ligado a fortes emoções. Entregava-se às amizades com ênfase e quase sempre se decepcionava pois a correspondência não era recíproca. Seu doce coração sentiu muitas vezes as alegrias e as agruras dos sentimentos descontrolados. Era uma criança grande, cujo rigor da realidade cotidiana não conseguia atingir e por isso os pais temiam um pouco por seu futuro. Trabalhou desde cedo com muita garra, embora um pouco desordenadamente como mandava o seu lado emocional. Casou-se, teve filhos, sempre lutando e sempre impulsivo.

Estava num momento decisivo de sua vida, em que deveria optar por crescer psicologicamente, por readquirir sua auto-estima e soerguer-se do obstáculo por ele mesmo criado no seu relacionamento familiar. Sabia que a bebida não iria resolver sua carência, mas estava fragilizado, sem forças para lutar. Tinha porém algo que nunca feneceu em seu coração, o amor. E como Maria sempre acreditou que só o poder do amor resolveria qualquer situação neste planeta, pedia em oração e confiava aguardando a resposta divina para a solução da vida do seu amado filho Juanito.

"Querido, que Deus o abençoe, iluminando seu caminho para que encontre a saída que o levará à felicidade". Essas são palavras de mãe que ama seu filho e que confia na solução dos problemas, pelo sentimento maior do amor.

Rememorando um tempo passado, vamos identificar Juanito como o filho não nascido de Hanna, a escrava, que agora viera como filho de Maria e unira-se a essa jovem que outrora fora a mãe que não chegara a acolhê-lo em seus braços, por força das circunstâncias. Sua esposa o amava muito, mas ficava-lhe sempre a sensação de que Juanito a via como mãe, pedindo-lhe a constante proteção, e isso a incomodava bastante, tornando o relacionamento difícil. Paola era uma mulher determinada. Tudo o que pretendia da vida sempre conseguia por causa dessa sua natureza forte. Tivera uma infância e juventude cheia de sacrifícios pela situação de sua família, mas nunca se deixara derrotar pelos obstáculos que surgiam no caminho. Pelo contrário, serviram-lhe de incentivo para lutar por seus mais caros objetivos. Como não tivera grandes privilégios materiais, sua intenção era formar uma família bem-estruturada, ter conforto, segurança, o essencial e por que não o supérfluo de vez em quando? Afinal, ela merecia, por tudo que sempre fora: uma moça correta, cumpridora de seus deveres, estudiosa e filha amorosa. No início do casamento, a família de Juanito julgara-a uma menina dócil, simpática, sempre solícita em todos os momentos. Maria viu mais longe e conseguiu antever o futuro de Paola. Sabia que ela teria que superar alguns percalços do caminho, teria que ajudar no crescimento emocional do esposo, teria que assumir uma postura de maior comprometimento com o futuro familiar, trabalhando e administrando as finanças da casa. Sabia ainda que Paola conseguiria o seu intento com relativa facilidade. Só temia que Paola, ao crescer nas atitudes que deveria tomar dali por diante, segurando as rédeas da situação, não quisesse mais suportar a carga de compromisso que automaticamente chegaria com essa autonomia. Maria tinha razão. Paola começara a se sentir saturada pela situação criada por Juanito, sempre meio inconseqüente, bebendo, falando inconveniências, enfim, perturbando a paz em seu lar; e o que é pior, criando um ambiente negativo para as crianças, que não compreendiam a atitude do pai. Resultado: cada dia falava-se mais em separação do casal. Maria via tudo, participava às vezes aconselhando, mas não poderia interferir no processo, mesmo sabendo que o passado insistia no resgate de mãe e filho. Como, no entanto, falar dessas coisas com eles? Sempre parece estranho quando alguém fala em vidas passadas, principalmente para quem não é iniciado. Afinal, Paola estava na força da juventude e acreditava merecer mais da vida. Não queria jogar fora seus sonhos de adolescente. Sonhava em cor-de-rosa ainda, embora insistisse em negar essa faceta de sua personalidade.

Os Devaneios

O dia amanhecera claro, céu de um azul límpido, o ar agradável da manhã enchia o casarão de harmonia e sorrisos. Enfim, chegara o dia tão esperado pelo menino. Seu pai viria da cidade para ficar com ele no campo. Já imaginava todas as brincadeiras que poderiam fazer juntos: andar a cavalo, nadar no riacho, jogar bola, andar de bicicleta, jogar baralho, contar histórias, comer muitos doces, enfim, tudo que nem sempre era permitido fazer em circunstâncias normais. Afinal era necessário estudar e cumprir algumas tarefas não tão prazerosas no dia-a-dia.

O tempo passava célere e o pai nada de chegar. O que acontecera? Ele nunca se atrasara tanto. Será que se esquecera daquele dia? O menino estava ansioso, angustiado, seu coraçãozinho batia mais rápido pela expectativa que assomava seu espírito infantil. Não chegou...

Era noite, e pela vidraça o menino olhava o escuro lá fora. Parecia até que aquela noite havia propositadamente ficado tão escura, o céu sem lua e sem estrelas. O menino estava decepcionado e chorava mansinho com o pequeno coração desiludido.

Felipe fora pai muito cedo, aos dezenove anos de idade. O menino, fruto de um relacionamento com uma colega de trabalho, não compreendia o porquê de o pai não conviver com ele e a mãe. Nunca lhe fora explicado que o pai não se casara com sua mãe, portanto não convivia como família com eles. Felipe gostava muito do garoto, embora não assumisse completamente a responsabilidade de um pai presente. Quando o visitava, virava outra criança, brincava, ria, corria, fazendo coisas que toda criança adorava. O menino sentia um exacerbado amor pelo pai. Morava com a mãe numa chácara no interior e levava uma vida saudável. Estava crescendo muito para os seus sete anos e assim parecia ter uns dez anos. Felipe sentia orgulho do filho; ia sempre vê-lo, era bem recebido pela mãe do menino, mas só isso. Estava animado, pois era dia de visitar o filho. Comprara-lhe uma linda bicicleta, já que a anterior estava ficando pequena para o tamanho do menino. Acontecera um imprevisto. Na estrada o carro emperrara e nada do que Felipe fazia alterava a situação. O tempo passava e ninguém na estrada para auxiliá-lo, dar-lhe pelo menos uma carona. Quase noite passou uma caminhonete em sentido contrário ao que ele deveria tomar e parou oferecendo ajuda. Felipe, na falta de opção, aceitou agradecido, seguindo com o proprietário do outro veículo para a cidade mais próxima. Interior só tem ônibus para outra cidade uma vez por dia e naquele não tinha mais. Conclusão: acomodou-se numa pequena pousada, pois estava estressado, sujo e o melhor que tinha a fazer era tomar um bom banho, comer algo e dormir. Foi o que fez. No outro dia resolveria o problema.

    Carlos, o menino, adormecera recostado à janela da sala, esperando ainda a chegada do pai. Sua mãe suavemente pegou-o nos braços levando-o para o quarto no andar superior onde o acomodou na cama, puxando-lhe a coberta, pois o tempo estava frio. Beijou carinhosamente o filho e por alguns instantes refletiu em sua vida passada. Sabia que Felipe não era uma má pessoa, somente um tanto irresponsável e ela estava cansada de ter uma vida sem perspectivas ao lado dele. Em muitos momentos chegou a pensar que era a culpada por tudo, por estar sempre cobrando de Felipe uma solução imediata da vida de ambos. Ele não conseguia acertar os passos. Era inteligente, criativo, mas vivia culpando a vida por aquilo que chamava de "falta de sorte", quando seria bem mais fácil deixar de ser cabeça-dura, ser menos orgulhoso e aceitar os conselhos e orientações que constantemente recebia da família. Annie cansou de tanto passar dificuldades com o filho, de não poder comprar uma roupinha melhor, colocá-lo numa escola boa, enfim, usufruir da vida o que ela tem de bom para oferecer a todos, indistintamente. Seria esse um bom motivo para a separação? Carlos mereceria esse sacrifício? Isso Annie ainda não sabia, pois a separação ainda era recente. No entanto, houvera tempo suficiente para ela descobrir o seu potencial de progresso no trabalho agora sem a interferência de Felipe que sempre a deixava pensar que não tinha grande capacidade. Ela teve muitos momentos de depressão, de achar que era incapaz, de se sentir infeliz, embora quisesse muito continuar com o pai de seu filho. Dera aquilo que se chama "salto quântico". Repentinamente, ao raciocinar, deixando um pouco de lado as emoções, conseguiu compreender que ele seria sempre assim, ou pelo menos por um tempo indeterminado e que ela e o filho teriam de se sujeitar a uma vida de sacrifício até que algo de novo acontecesse. Preferiu não esperar, deu o salto e nisso Felipe ficou para trás.

Quantas pessoas gostariam de fazer o mesmo mas não se sentem emocionalmente preparadas para isso. Mais tarde descobrem que o tempo passou, que viveram uma vida de frustrações, desamor, ofensas mútuas, interferiram no processo de crescimento psicológico dos filhos e então começam a fazer as contas para ver se valeu a pena ou se foi uma grande perda de tempo, perda de viver melhor. Aí começam as acomodações para enfrentar a velhice que se pressupõe sem solidão, já que optaram para continuar uma vida a dois. Quanta solidão a dois...

Felipe e Annie eram apenas mais um casal que teve de encarar a realidade que se apresenta no dia-a-dia das pessoas, solicitando-as ao enfrentamento das diversas situações problemas que surgem no caminho como: contas a pagar, planos para um futuro familiar, compra de imóvel, de carro, comida dentro da cozinha, um filho ou mais para educar e que exigem do par responsabilidade, vontade de evoluir, de crescer no conceito próprio e na sociedade, enfim, tudo o que leva a deixar de ser criança e participar do mundo como cidadão adulto e cônscio dos seus deveres. Difícil? Mas quem disse que a vida é fácil?

Carlos acordou no dia seguinte agitado, chamando pelo pai. Annie já estava atrasada para o trabalho e não podia perder muito tempo tentando explicar o que possivelmente poderia ter acontecido, portanto concitou-o a se arrumar logo para ir à escola. Meio choramingando, o menino levantou-se e cumpriu as determinações da mãe. Mais tarde ia querer uma explicação para a ausência do pai.

Felipe acordara cedo e a intenção era a de conseguir resolver o problema do carro o mais rápido possível. Na sala de jantar da pousada tomava um farto café-da-manhã regado com suculento suco de uva, fruta típica da região, quando uma encantadora moça perguntou-lhe as horas. Ainda um pouco sonolento, respondeu vagamente, sem notar a presença feminina que chamava a atenção por sua beleza e frescor da juventude. No entanto, como era muito falante, entabulou logo uma conversa, que foi se prolongando até bem tarde, fazendo-o mais uma vez esquecer-se do compromisso com o carro e com o filho. Estava como sempre entusiasmado pela moça e naquele momento era só o que importava, nada mais. Felipe era movido pelo interesse do momento. Sua carência fazia-o ficar a mercê de qualquer um que lhe desse um pouco mais de atenção e isso o levava a esquecer-se de tudo o que realmente poderia ter para ele algum significado mais profundo. Era uma pessoa superficial, motivo que contribuíra muito para a separação da esposa. Teria ele uma chance de mudar algum dia? Esse comportamento infantil, se não trabalhado psicologicamente, seria sempre uma marca em sua vida, impedindo-o talvez de ser feliz ou de fazer alguém feliz. O tempo diria o que aconteceria em sua vida dali em diante...

Carlos era um menino sensível, sentia-se afetado pela ausência do pai, caberia a Annie a educação do menino e a tentativa de suprir a falta paterna. Era um trabalho árduo, se levada em conta a natureza daquela criança, sempre insistindo na presença do pai a quem amava muito. Ele cresceria e um dia talvez entendesse a atitude de Felipe. Perdoar? Extremamente difícil supor qualquer hipótese naquele momento. O jeito era prosseguir a caminhada, pedir a Deus forças para a ação a ser desenvolvida dali em diante e acreditar que tudo na vida tem uma causa, e o melhor é minorar os efeitos.

Carlos, mais uma criança sem pai simplesmente por irresponsabilidade e fraqueza de caráter de um homem que na velhice poderia ter o privilégio de contar com mais um amor sincero na vida.

Felipe conseguiria entretanto refazer de uma forma meio desajeitada a sua vida sentimental, encontrando uma mulher bem mais jovem, carente tanto ou mais do que ele mesmo e que supriria sua necessidade básica de afeto, dando-lhe outros filhinhos que preencheriam sua vida um tanto sem propósitos.

Alma Cigana

Algumas pessoas e seres merecem um destaque especial, por terem feito parte integrante no crescimento espiritual de Maria.

Um desses seres de luz foi Sarah. Revestida por intensa luz primaveril, cuja essência era a alegria e o carinho, Sarah participou da vida de Maria dando uma contribuição inestimável e inesquecível. Foi ela quem primeiro incentivou Maria a cumprir seus objetivos desde há muito sonhados e ainda não realizados. A forma fora simplesmente maravilhosa, por meio de orientações, de viagens ao passado e ao futuro numa amostragem das características básicas que constituíam a rede de informações sobre a vida de Maria, projetando em seu futuro a possibilidade de organizar coerentemente os dados já relacionados para a confecção desta obra, cujo teor tem a intenção simplesmente de relatar fatos que possam contribuir para o vôo da fênix que existe em cada coração.

Num momento de pura magia, Sarah falou sobre sua própria vida passada, o que a encaminhara seguramente, por seu livre-arbítrio, a assumir hoje o doce ministério da orientação e da ajuda àqueles que a procuram em busca do conforto, da solução dos problemas aos quais ela se dedica integralmente com a participação de sua mais querida e amada companheira, Syl. Falar sobre Sarah não daria apenas um capítulo, mas um livro à parte pelos inúmeros conteúdos que comporiam o ingrediente mais significativo de toda uma vida: a própria vida dedicada a amar ao próximo. Percebe-se no entanto uma grande afinidade entre Sarah e Arnah (Maria), cujo reencontro nessa vida pode muito bem ser a concretização de uma missão simultânea de ensinamento aos que sentirem a necessidade de aprender sobre a alma e suas transmigrações.

O Desencontro

Certamente o final feliz poderia fazer parte da vida de Maria, pois após tantos encontros, tanto aprendizado à custa de bastante sacrifício, somados aos erros, desacertos e reencontros, era o que se podia esperar como uma espécie de prêmio. Mas uma vez mais isso não seria uma realidade, já que o seu coração ainda repleto de amor não encontrava a devida correspondência no companheiro de jornada. Parecia a ambos que estavam saturados dos hábitos, das mesmas palavras verbalizando o descontentamento perene diante de pequenos fatos cotidianos. Nem mesmo as pequenas alegrias, como o sorriso de um neto, ou as necessidades paralelas dos filhos, que embora adultos ainda se encontravam numa certa dependência dos pais, eram mais um motivo de união entre o casal. Persistiam as mágoas, embora o perdão agora fosse instantâneo, pela longa caminhada juntos. Era chegado o momento da decisão. Já haviam cumprido seus deveres de longa data assumidos diante de Deus e dos homens. O que restava fazer então?

Inúmeras vezes Maria ensaiara uma retirada estratégica, mas à sua mente consciente voltavam ainda os recessos da outra vida que a tornavam escrava de um sentimento de dívida para com o companheiro. A vida foi passando, eles foram envelhecendo sem grandes mudanças, principalmente João, cuja resistência a novos padrões de comportamento se fazia presente a todo instante e nada os levava a um perfeito entrosamento. Faltava o devido respeito às opiniões, faltava o amadurecimento para os tempos finais. Maria estava muito cansada e deduzia que assim também se sentia João, embora ele não o quisesse admitir.

Era, sem dúvida, o desencontro de dois seres que peregrinaram neste Planeta por tanto tempo, ora cometendo desatinos, ora entregando-se apaixonadamente ao doce sentimento do Amor. Só restavam cinzas de um passado tão conturbado. A chama do AMOR UNIVERSAL sempre estaria acesa nesses corações, mas isso provavelmente, naquele momento, não era o suficiente para duas almas exaustas. Não acabou o amor, o que acabou mesmo foi a esperança de que algo mudasse tão drasticamente a ponto de renovar esse sentimento dentro desses dois corações. Mais uma vez Maria encontrava-se em uma encruzilhada, onde decisões deveriam ser tomadas e ela continuava com as mesmas dúvidas: ir embora ou ficar? Novamente ao tempo se dará essa prerrogativa de resposta.

Os Caminhos

Literaturas mil, procura pelo ideal espiritual eram os componentes que faziam parte constante da vida de Maria. Quantas vezes foi tachada de "alienada" por estar totalmente integrada nessa pesquisa que a levava à busca daquilo que para sua alma era a coisa mais importante desta vida. Sabia que chegara o momento certo de dar o seu salto quântico e isso a impulsionava sempre para a frente. Ser diferente não chegava a incomodá-la, mas os outros nem sempre compreendiam sua tenacidade em ir fundo na busca de seus objetivos mais caros.

Interessante era que toda vez que um assunto parecia se esgotar em sua mente, logo surgia alguém trazendo-lhe uma novidade em termos de conhecimento. Isso era sempre visto como um sinal de que havia ultrapassado aquele limite, um passo a mais em sua evolução. Dúvidas... Tinha muitas, mas algo a impelia para a frente, não poderia mais parar, sabia disso. Conhecera diversas pessoas, diferentes opiniões e seitas. Em algumas chegou a freqüentar reuniões até sentir que o aprendizado se esgotara temporariamente. Quantas vezes meditara em seu coração, julgando-se prepotente por entender que não pertencia mais àquela mandala, aquele grupo: "Meu tempo aqui acabou, pensava! Foram muitos percalços, difíceis, de temor, de frustração, de vazio e de reencontro. Até que um dia pensou: "O que procuro está dentro de mim, vive em mim eternamente. Não tenho necessidade de buscar fora o que está em mim intrínseco... E a paz reinou em seu coração...

Não Vale:

- *Despersonalizar-se diante do outro em nome do amor.*
- *Autoflagelar-se por amor.*
- *Deixar escapar as oportunidades de sucesso que surgem para não criar problemas perante o objeto do amor.*
- *Ficar esperando um longo tempo que o outro mude suas atitudes, por amor.*
- *Realimentar constantemente a esperança de que algo aconteça que mude radicalmente o seu destino, já que sua vida sempre foi pautada pelo amor.*
- *Amar o amor como se ele, sentimento abstrato e emocional que é, tudo pudesse sem a interferência humana.*

Vale:

- *Amar consciente e racionalmente, sabendo que tudo na vida tem princípio, meio e fim.*
- *Fazer tudo que estiver ao alcance para conservar e renovar o sentimento de amor pelo outro.*
- *Respeitar a individualidade do outro aceitando as qualidades e os defeitos, desde que isso não desgaste a união, por ser necessária a correspondência de atitudes.*
- *Compreender o quanto dura o sentimento de ambos e se vale a pena continuar sem levar em conta apenas tudo o que os conselheiros de relacionamentos dizem a respeito de lar, família, moral, pois o que vale é entender se persevera o amor.*

Assim foi que Maria aprendeu a amar a Deus. Amando-se, respeitando-se, semeando as "SEMENTES DE AMOR" que, tornando-se árvore frutífera, poderão ser colhidas por todos aqueles que um dia tiverem a coragem de soltar a águia que existe dentro de si e que insiste em voar em plena liberdade. Essa liberdade que já nasceu com o homem e que é conhecida como "livre-arbítrio".

"Suporta-me um momento, vou instruir-te. Há mais a alegar em favor de Deus. Vou buscar minha ciência bem longe, para justificar aquele que me fez." (Jó 35,36: 2,3)